조선 전기 공납제의 운영

박도식(朴道植)

강릉문화원 부설 평생교육원 주임교수 겸 강릉원주대학교 사학과 강사
가톨릭관동대학교 역사교육과를 졸업한 뒤 경희대학교 대학원 사학과에서 문학석사와 문
학박사 학위를 받았으며, 전공분야는 조선시대 사회경제사 및 영동지역사이다. 경희대학교
강사와 가톨릭관동대학교 사학과 겸임교수를 역임하였다. 지은 책으로는 『조선전기 공납
제 연구』, 『강릉의 동족마을』, 『어촌 심언광의 문학과 사상』(공저) 등이 있다.

태학역사지남 002

조선 전기 공납제의 운영

초판 1쇄 인쇄 | 2015년 12월 1일
초판 1쇄 발행 | 2015년 12월 7일

지은이 | 박도식
기획위원 | 정재훈(경북대 사학과 교수)
　　　　　김백철(서울대 규장각한국학연구원 책임연구원)
펴낸이 | 지현구
펴낸곳 | 태학사
등 · 록 | 제406-2006-00008호
주 · 소 | 경기도 파주시 광인사길 223
전 · 화 | (031)955-7580~2(마케팅부) · 955-7585~90(편집부)
전 · 송 | (031)955-0910

전자우편 | thaehak4@chol.com
홈페이지 | www.thaehaksa.com

값은 뒤표지에 있습니다.

ISBN 978-89-5966-722-2 94910
ISBN 978-89-5966-720-8 (세트)

조선 전기 공납제의 운영

박도식

태학사

조선 전기의 국가 세입은 부세의 근본을 이루는 전세·요역·공납과 그 보조를 이루는 염철(鹽鐵)·산장(山場)·수량(水梁)·공장세(工匠稅)·상세(商稅)·선세(船稅) 등으로 충당하였다.[1] 이 가운데 공납은 민인이 부담하는 전체 부세 중 60%를 차지할 정도로 비중이 매우 높았다.[2] 물론 이것이 통계적인 수치에 의거해서 산출되었다는 구체적인 자료는 찾기 어렵지만, 공납제가 대동법으로 개혁되었을 때 전세가 1결당 4두를 징수한데 비해 대동세는 12두를 징수한 것에서 확인할 수 있다.

조선 전기 공납제에 대한 본격적인 연구는 다카와 고조(田川孝三)에 의해 시작되었다.[3] 그는 공납의 내용과 그 변동에 대한 제도사적인 정리는 물론 국가재정에서 공납이 차지하는 비중에 대해서도 심층적인 분석을 하였다.[4] 그 후 이 분야에 대한 연구가 어느 정도 진척되었지만,[5] 공물의 부담층인 일반민호의 범위라든지 공물분정에서 기준의 변천 등에 대해서는 제대로 해명되지 않은 실정이다.

중세사회의 부세제도는 민인에 대한 각종 수취를 통해 국가의 재정적 기반을 확보하려는 데 목적을 두고 있었다. 조선 초기의 부세는 고려 시기의 유제를 답습하거나 중국의 전통적 수취체제인 조

(租)·용(庸)·조(調) 체제를 원용하면서도 당시의 사회경제적 실정에 맞는 새로운 수취제도를 창안·실시하였다.[6]

공납을 비롯한 요역·군역 등의 국가적 수취는 국가가 직접 민호를 수취의 주체로 설정한 것이 아니라 군현제에 입각한 지방 지배기구를 매개로 운영되고 있었다. 그러나 이것이 군현을 하나의 단위로 책정하고 운용되었다고는 하지만, 그 최종적인 부담은 민호에서 담당하였다.

민호에서 담당한 공납·요역·군역은 호구와 전결의 다과에 따라 징수·부과하였다. 이를 위해서는 무엇보다도 그 수취지반인 호적과 양안의 정비가 전제되어야 하였다. 국가에서 호구수를 정확히 파악하지 못한 상황에서는 민인들에게서 공납·요역·군역 등을 제대로 부과할 수 없었다. 따라서 국가는 호적을 정비해 장정의 총수와 거처를 확실히 파악하여 국가재정의 근간을 이루는 부세의 원천을 확보하려는 노력을 거듭하였던 것이다.[7]

호구 파악의 대상인 인간은 유동하기 쉬웠던 반면에 양전의 대상은 고정된 토지였다. 양전은 국가가 부세수취의 기초 단위를 파악하는 것으로, 주로 새로 개간한 토지와 은결을 조사하여 이를 양안에 수록함으로써 국가세수의 증대를 가져오는 데 그 목적이 있었다.[8]

고려 말 조선 초에는 휴한농법을 극복하면서 점차 상경연작농법으로 보편화되어 가는 추세에 있었다.[9] 이러한 농업생산력의 발전에 따라 국가적 수취체제에서도 근본적인 변화를 수반하였다. 15세기 후반기에 실시된 보법(保法)에 의한 군역의 편제 방식은 호(戶) 단위에서 개별 인정(人丁) 단위로 변화하고 있었지만,[10] 공물과 요역은 철저히 전결(田結)을 기준으로 부과되었다.[11]

조선 전기 공납제의 운영

다음으로 국가재정에 대한 연구는 조세수취와 관련해 비교적 많은 연구가 진행되었지만, 재정운영이라는 측면에서 다룬 연구는 그다지 많지 않다. 이들 연구는 주로 왕실재정, 국가재정의 세출입 구조, 중앙각사의 재정운영 등을 고찰하였고,[12] 국가재정과 공납제 운영에 대해서는 거의 다루지 않았다.[13]

조선 전기 국가재정의 운용은 『경국대전』에 횡간과 공안에 의거한다는 것이 명문화되어 있었다. 공안은 태조 원년(1392) 10월 공부상정도감(貢賦詳定都監)에서 고려조의 세입(歲入)의 다과와 세출(歲出)의 경비를 참작하여 제정함에 따라 국가재정의 수입을 어느 정도 파악할 수 있었지만, 횡간은 건국한 지 70여 년이 경과한 세조대에 이르러서야 제정되었다. 횡간이 제정되기 이전에 국가의 경비지출은 '양입위출(量入爲出)'한다는 원칙이 있었지만,[14] 그 실상은 용도의 다소를 그때마다 참작하여 마련하는 것이 관행이었다.[15] 그리하여 국가재정은 경비지출에 비해 매우 방대한 공안의 수입으로 유지되었고, 이것은 결국 민인으로부터 공물을 부당하게 많이 거두게 되었다.

조선의 문물제도는 세종조의 안정된 정국을 바탕으로 정비되기 시작하였다. 그 중 국가재정은 세종 자신의 발상에 따라 왕실재정뿐만 아니라 각사·각관의 재정에 적용시켜 종래의 자의적인 수탈 방식에서 벗어나 점차 제도화되어 갔다. 이에 따라 공물 수취도 종래의 방식에서 벗어나 점차 법제화되어 갔다. 세종 대에 중앙각사의 경비식례(經費式例)를 제정한 것도 수입과 지출을 합리적으로 조정하려는 노력의 일환으로 진행된 것이라 하겠다.

한편 방납에 대한 연구는 공납제 운영에서 가장 큰 문제를 야기

시킨 폐해를 들어 부정적으로 보는 입장이 주류를 이루었다.[16] 또한 조선 전기의 공납제는 호 단위로 공물을 징수하였으나 사대동·대동법의 실시에 따라 1결당 미곡을 징수하는 형태로 전환을 이루었다는 견해가 주류를 이루어 왔다.[17] 그러나 1990년대에 들어와서는 방납을 유통경제의 발전과 연계시켜 긍정적으로 보는 견해도 제시되고 있고,[18] 공납제에서 대동법으로 이행되어 가는 중간 형태라 할 수 있는 8결작공제가 실시되었다는 견해도 제시되고 있다.[19]

조선 전기의 공납제는 그 지역에서 생산되는 토산물을 분정하는 임토작공(任土作貢)을 원칙으로 하였다. 그러나 그 지역에서 생산되지 않는 공물[不産貢物]과 준비하기 어려운 공물[難備之物]도 분정하여 원래부터 방납의 소지가 없지 않았다. 이에 국가에서는 처음에 일부 특수기관 혹은 일부 사원의 승려에게만 방납을 부분적으로 허용하였고, 그 외에는 방납 행위를 일절 금지하였다. 그러나 방납이 점차 관권과 결탁한 각사이노·세가하인·부상대고들에 의해 그것이 큰 이권으로 변질되면서, 방납인들은 민인의 직납을 방해하고 그들 자신이 대신 청부 상납한 후에 그 대가로 몇 곱절 이상을 거두었다.[20] 이를 통해 방납인들은 막대한 이익을 얻었지만, 이를 담당한 농민들에게는 가혹한 수탈로 작용하여 파산 유망하는 자도 적지 않았다.

자연경제 하에서의 주구적 수탈은 일시적이고 우연적 현상에 불과할 뿐이지 항구적일 수는 없다. 방납은 고려 시기부터 이미 있어 왔지만,[21] 조선왕조에 들어와 지속적으로 행해지고 더욱 번창하였다. 그 배경은 국가 전체로 볼 때 농업생산력의 발전에 따른 잉여의 창출로 유통경제의 기반이 확대되어 갔기 때문이라 생각된다.[22]

본고에서는 이상과 같은 점을 염두에 두고 기존의 연구 성과를 바탕으로 어느 지방에 어떤 토산물이 생산되었고, 그것을 어떠한 기준에 의해 징수하였으며, 어떤 절차를 거쳐 중앙각사에 납부했는지에 대해 고찰하고자 한다.

제1장에서는 공납제의 제정과 내용, 전세조공물의 설정과 수취, 그리고 공물은 왜 군현 단위로 분정되었고, 일정부동의 원칙을 지녔으며, 임토작공의 원칙이 고수되었는가에 대해 고찰하고자 한다.

제2장에서는 국가의 수취지반의 기초자료인 호구 조사와 양전 실시, 그리고 민호에 대한 공물분정의 기준이 토지 소유의 다과에 의한 5등호제를 기준으로 운영되다가 대동법으로 이행되어 가는 중간 형태라 할 수 있는 8결작공제의 실시와 그 운영 실태에 대해 고찰하고자 한다.

제3장에서는 횡간과 공안의 내용, 국가재정의 일원화 과정에 대응하는 공안·횡간이 제정이전과 이후의 국가재정 운영에 대해 고찰하고자 한다.

제4장에서는 방납이 사회경제적으로 행사한 긍정적 역할을 살펴보는 입장에 서서 이 시기 방납 금지법의 추이, 방납의 원인과 전개, 방납과 유통경제의 관계에 대해 고찰하고자 한다.

2015 10월
박도식

차례

표차례

제1장
조선 전기 공납제의 내용과 특징

1. 공납제의 제정과 내용

1) 공납제의 제정과정

태조 이성계는 고려 말 이래 누적되어온 공납의 폐단을 제거하고 그 모순을 바로잡기 위해 그의 원년(1392) 10월에 공부상정도감을 설치하여 그 개선안을 모색하게 하였다. 그 내용은 첫째, 고려 말의 공안에 근거하여 세입의 다과와 세출의 경비를 상고하고 손익을 참작해서 오랫동안 쌓인 폐단을 제거하는 것이었다. 그리하여 전 왕조의 폐단을 제거하는 일환으로 민인의 원성이 되었던 횡렴(橫歛)·예징(預徵)·가징(加徵)·공물대납 등을 규제함과 아울러 공부의 납부액을 감량하는 조처로서 민인에게 부가되었던 조포(調布)·공부(貢賦)·호포(戶布)·상요(常徭)·잡공(雜貢) 등의 잡다한 현물세를 대폭적으로 정리하여 공부 한 가지로 규정하였다. 둘째, 전적(田籍)을 상고하여 그 토지의 물산을 분별하고 공부의 등급을 마련해서 납부할 액수를 정하는 것이었다.[1]

그런데 이때 제정된 공납제는 전국에 걸쳐 시행된 것이 아니었다. 제주는 바다로 막혀 있어 민호의 공부를 제정하지 못하다가 태종 8년(1408) 9월에 이르러 제정되었다.[2] 그리고 평안·함경도는 고려 말에 많은 병란으로 전지가 황폐해짐에 따라 민호의 공부를 제정하지 못하다가, 그 후 사민(徙民)으로 민인이 증가되고 전야(田野)가 개간되자 태종 11년(1411)에 양전을 착수하여 동왕 13년(1413) 정월에 완료하면서 각도의 예에 따라 공부를 시행하게 되었다.[3] 조선의 공납제는 개국한 지 20여 년이 경과한 후에야 비로소 전국에 걸쳐 시행되었던 것이다.

2) 공납의 실재

(1) 공납의 종류

공납은 크게 공물과 진상으로 나눌 수 있다. 공물에는 원공물과 전세조공물이 있었다.[4] 이에 대해서는 다음의 기사가 참조된다.

국가의 제도에 수조할 때 수전에서는 쌀[稻米]을, 한전에서는 콩[豆]을 거두었다. 콩을 거두고 미진한 것은 목면(木棉)·마포(麻布) 및 유밀(油蜜) 등 생활에 필요한 물품을 거두었는데, 이것을 이른바 전결공물(田結貢物)이라 한다. 그밖에 수전·한전의 결수를 계산하여 잡물을 부과시켜 각사에 납부하였는데, 이것을 원공물(元貢物)이라 한다 (『西厓集』卷14, 貢物作米議; 『韓國文集叢刊』52-283~4).

원공물은 수전·한전의 결수를 계산하여 잡물을 부과시켜 중앙각사에 납부하는 것이었고, 전세조공물은 목면·마포·유밀 등 생활에 필요한 물품을 징수하여 중앙각사에 납부하는 것이었다.

조선 전기 각 군현에서 중앙각사에 납부한 공물에 대해 비교적 상세히 수록되어 있는 것으로는 『경상도지리지』·『세종실록』 지리지

·『신증동국여지승람』 등의 관찬지리지[5]와 사찬읍지를 들 수 있다. 이 가운데 『경지』와 『세지』의 도총론과 개별 군현 항목에는 당해 지역의 토산물이 수록되어 있다.

〈표 1-1〉 『경지』와 『세지』의 도총론과 개별 군현의 항목

구분	『경상도지리지』	『세종실록』 지리지
도총론	道卜常貢	厥貢
		厥賦
		藥材
		種養藥材
개별 군현	貢賦	土貢
	土産貢物	土産
	藥材	藥材
	土宜耕種	土宜

표에서 보듯이 두 지리지의 항목은 매우 다른 양상을 보이고 있다. 도총론의 경우 『경지』에는 도복상공 항목만 있고, 『세지』에는 궐공·궐부·약재·종양약재 항목으로 세분되어 있다. 그리고 일반 군현의 경우 『경지』에는 공부·토산공물·약재·토의경종 항목으로 되어 있고, 『세지』에는 토산·토공·약재·토의 항목으로 되어 있다.

『경지』와 『세지』의 구성과 기재 내용을 달리하였던 것은 그 편찬 태도에 기인한 것이다. 그것은 『경지』가 군현에 배정된 공물의 기록에 치중하였던 데 비해 『세지』는 군현에서 생산되는 토산물 파악에 더 큰 목적을 두었기 때문이라 이해된다.[6]

『경지』와 『세지』의 항목에서 일치하는 것은 일반군현 항목의 약재와 토의(경종)뿐이다. 이를 제외하면 도총론에서는 『경지』의 도복

상공과 『세지』의 궐부·궐공 항목이, 일반군현에서는 『경지』의 공부·토산공물 항목과 『세지』의 토산·토공 항목이 문제가 된다.

먼저 도총론의 각 항목에 수록되어 있는 물품을 살펴보면 다음과 같다.

〈표 1-2〉 『세지』 도총론의 각 도별 수록 물품

항목	도별	경기	충청	경상	전라	황해	강원	평안	함경
궐부	곡 물 류	12	13	7	6	11	7	6	5
	유 밀 류	5	5	5	2	5	3	1	
	포 류	2	5	7	1		1		
	기 타	2	3	6		1	1		
	소 계	21	26	25	9	17	12	7	5
궐공	과 실 류	4	4	9	16	3	6		
	광 물 류	1	2	2		3	1		2
	목 재 류	6	12			8	3		
	임 산 물	16	17	18	21	19	22	6	2
	수 산 물	5	8	15	28	12	12	11	9
	모 피 류		16	18	13	13	16	13	7
	금 수 류	3	11	8	18	10	11	7	4
	수공업품·원료	15	19		13	13	15		
	유 밀 류				2		2	5	2
	기 타		1	1	1	1	2	1	
	소 계	50	90	80	112	82	90	43	26
약 재		118	119	172	167	165	123	87	101
종 양 약 재		21	20	29	8	21	12	9	4
총 계		210	255	306	297	284	237	146	136

『경지』 도총론의 도복상공 항목에는 창·각궁·화살통[筒介] 등의 무기류를 비롯하여 짐승가죽·자리[席子]·포물(布物)·해산물·과실 등 모두 59종의 물품이 수록되어 있을 뿐이다.[7] 그러나 『세지』 도

총론에는 4항목으로 세분되어 있을 뿐만 아니라 각 항목에 수록되어 있는 물품의 종류도 『경지』 도총론에 비해 훨씬 많이 수록되어 있다.

『세지』 도총론의 4항목에 수록되어 있는 각 도별 물품을 보면 함경·평안도는 130여 종, 경상·전라·황해도는 280여 종 이상에 달하고 있다. 이들 물품 가운데 대부분을 차지하고 있는 것은 약재이다.

『세지』 도총론의 궐부 항목에 수록되어 있는 물품은 벼[稻]·두(豆)·맥(麥)·조[粟]·기장[黍]·피[稷] 등의 곡물류, 참기름[芝麻油]·들기름[蘇子油]·향유(香油)·벌꿀[蜂蜜]·황랍(黃蠟) 등의 유밀류, 백저포(白苧布)·면포(綿布)·면주(綿紬)·저포(苧布)·정포(正布) 등의 포류, 그밖에 막장[末醬]·겨자[芥子] 등이다. 궐부 항목에 수록되어 있는 곡물류·포류·유밀류는 후술하듯이 전세조공물이다.

곡물류의 기본 물품은 미(米)·두(豆)·맥(麥)이었는데, 이들 물품은 다양하게 구분되어 있다. 미는 종류에 따라 갱미(粳米, 멥쌀)·나미(糯米, 찹쌀) 등으로, 도정 수준에 따라 세갱미(細粳米)·중미(中米)·갱미(粳米) 등으로 구분되어 있다. 두는 대두(大豆, 콩)·소두(小豆, 팥)·녹두 등으로, 맥은 대맥(大麥, 보리)·소맥(小麥, 밀)·교맥(蕎麥, 메밀) 등으로, 면은 면포(綿布)·면자(綿子)·설면자(雪綿子)·상면자(常綿子) 등으로 구분되어 있다.

『세지』 도총론의 궐공 항목에 수록되어 있는 물품은 〈표 1-2〉에서 보듯이 대체로 과실류, 광물류, 목재류, 임산물, 수산물, 모피류, 금수류, 지물(紙物)·자리[席子]·기물(器物)·문방구류 등의 수공업제품과 그 원료, 농업생산물 등이었다. 이들 물품은 당시 일상생활 전반에 필요한 것들이었다.

그밖에 『세지』 도총론의 약재와 종양약재 항목은 그 쓰임새에 따라 구분되어 있다. 궐공·약재 항목의 세주에 "이상의 잡공 및 약재는 토산으로서 희귀한 것은 각 읍의 아래에다 기록하고, 그 각 읍마다 생산되는 것은 다만 여기에만 기록하고 각 읍의 아래에 기록하지 않는다."[8]고 한 것으로 보아 궐공·약재·종양약재는 해당 군현에서 생산되는 물품을 기록한 것이라 할 수 있다.[9]

다음은 『경지』·『세지』 일반군현의 각 항목에 수록되어 있는 물품에 대해 살펴보기로 한다. 먼저 『경지』의 공부 항목에 수록되어 있는 물품을 정리하면 다음과 같다.

〈표 1-3〉 『경지』 공부 항목의 수록 물품

구 분	종 류
곡물류	粘更米, 常中米, 造米, 田米, 間中米, 更米, 粘白米, 中米, 白米, 眞麥, 貢麥, 太(大豆), 菉豆
유밀류	淸蜜, 眞油(胡麻油), 法油(荏胡麻油), 燭蜜, 眞荏子(胡麻)
포 류	木棉, 綿紬, 苧布, 紵布, 正五升布, 常綿子, 綿子, 雪五升布

『경지』 공부 항목에 수록되어 있는 물품은 『세지』 도총론의 궐부 항목의 물품과 일치한다. 따라서 이 항목은 전세조공물을 수록한 것이라 하겠다. 토산·토의 항목의 성격을 파악하는 데는 다음 기사가 주목된다.

예(例)에 따라 복정(卜定)된 공부에는 어떤 종류가 있고, 그 지역의 생산물은 어떤 종류가 있는가를 조사 보고하되, 토산의 금·은·동·철·주옥·납[鉛]·주석[錫]·가는대[篠]·왕대[簜]·약재·자기·도기 및 그 지역의 경종에 적합한[土宜耕種] 작물을 아울러 자세히 살펴서 조사 보고할 것(『경지』경주부).

『경지』의 일반군현 항목의 편찬 지침은 군현마다 공부·토산·토의경종을 조사 보고하도록 하였음을 알 수 있다. 그러나 군현에서의 보고 내용은 〈표 1-1〉에서 보듯이 토의경종을 제외하고 원래의 편찬 지침과 달리 토산은 토산공물이라 하였고, 약재는 항목을 독립시켜 수록하였다. 여기서 토산과 약재는 해당 지역에서 생산되는 토산물을, 토의경종은 해당 지역의 토질과 기후에 적합한 작물을 의미하는 것으로 파악된다.

『세지』 일반군현의 항목에는 어떤 물품이 수록되어 있었는가에 대해 살펴보기로 한다. 먼저 토산 항목에는 금·은·동·철·주옥 등의 광산물, 종류가 가장 많은 수산물, 송이·산겨자[山芥]·석이버섯[石茸]·지초(芝草) 등의 임산물, 밤·배·모과 등의 과실류, 여우가죽[狐皮]·쥐가죽[鼠皮]·수달피[獺皮] 등의 짐승가죽류가 수록되어 있다.[10]

토공 항목에 수록되어 있는 물품은 토산 항목에 수록되어 있는 물품과 크게 다른 것이 아니다. 『세지』에서 토공 항목에 수록될 수 있는 성격의 물품들을 토산이라는 새로운 항목을 설정하여 기록한 것은 중요한 의미를 가진다. 그것은 『세지』가 『경지』에 비해 군현에서 생산되는 토산물 파악에 더 큰 관심을 기울이고 있었음을 알려주는 자료이기 때문이다.[11]

토의 항목에는 곡물류·과실류·수공업 원료 및 기타 물품이 수록되어 있는데, 이들 물품은 도총론의 궐부 항목에 수록된 물품과 겹치는 것이 많다. 실제로 벼·콩·보리·조·기장·피 등의 곡물류와 상(桑)·마(麻)·저(苧)·목화·설면자 등의 포류 원료, 지마(芝麻) 등의 유밀류는 도총론의 궐부 항목과 군현의 토의 항목에 많이 수록되어 있다. 그러나 토의 항목에 수록되어 있는 물품은 해당 지역의 토질과 기후에 적합한 작물을 의미하는 것이지 전세조공물은 아니다.

벼·콩·보리·조·기장·피 등의 곡물류와 목면·마포 등의 포류는 전세조공물로 납부하기도 했지만, 공물로도 납부하였다. 즉 『세지』에 의하면 충청도에서는 마·저·면화를, 경상도 안동에서는 설면자를, 전라도에서는 저·마·면화 등을 공물로 납부하였다. 또 예종 원년(1469) 6월 공조판서 양성지의 상서에 의하면, 하삼도에서는 면포, 평안·황해도에서는 면주, 함길·강원도에서는 상포(常布), 충청도의 임천·한산에서는 생저(生苧)를 공물로 각각 납부하였다.[12]

이상에서 살펴본 바를 정리하면, 『경지』 도총론의 도복상공 항목에는 원공물과 전세조공물이 모두 수록되어 있고, 나머지 항목에는 원공물과 전세조공물이 구분되어 수록되어 있다. 이 가운데 전세조공물은 『경지』 일반군현의 공부 항목과 『세지』 도총론의 궐부 항목에 수록되어 있다. 『세지』에서 전세조공물을 도총론에만 수록한 것은 개별 군현에 반복하여 기록하지 않는다는 방침에 따랐기 때문일 것이다.

도총론의 공물은 각도공안(各道貢案)에, 일반군현 항목의 공물은 각관공안(各官貢案)에 수록되었다. 각관공안에는 당해 군현에 분정된 공물의 종류와 수량, 납부해야 할 중앙각사가 명기되어 있었다. 이에 대해서는 전라도 순천부를 예로 들어보기로 한다. 『승평지(昇平志)』[13]에는 순천부에서 중앙각사에 납부한 공물과 종류·수량이 비교적 소상히 기록되어 있다.

〈표 1-4〉 순천부의 공물 납부처와 물품

납부처	종류(수량)
내섬시	眞油 10두, 小豆 1석(전세조공물)
풍저창	次草注紙 13권(전세조공물)
제용감	8升白苧布 2필(전세조공물), 進獻虎皮·豹皮
광흥창	正布 114필(전세조공물)
의영고	早藿 20근, 粉藿 30근, 海衣 30첩
장원서	石榴 40개, 柚子 130개, 果園結實
장흥고	九張付油芚 1番, 六張付油芚 4番, 四張付油芚 2番, 楮注紙 14卷, 供上紙 7卷, 進獻油芚 1番
군기시	鄕角弓 2張, 狄麻箭 2部, 片箭 2部, 槍 1柄, 環刀 1柄, 鐵甲 1領, 鐵兜 1頂, 大·中·小錚 각 1, 錚槌 3, 鼓 1, 雉羽 100개, 雜羽 50개, 鄕牛角 3대, 筋 1근, 小藥線紙 15권, 中幅紙 1권
선공감	召乙釘 50개, 串釘 8개, 三甲所 3良衣, 條所 3良衣, 熟麻 2근, 正鐵 186근
사복시	馬衣 16領, 三甲所 16良衣, 錢多㫈 28部
혜민서	天門冬 1근 8냥, 麥門冬 2근, 白牽牛子 2근, 半夏 3근, 熟地黃 2근, 石榴根皮 1근, 苦參 3근
사재감	小脯 2貼, 圓全鰒 6貼, 乾紅蛤 3석, 乾秀魚 60마리
봉상시	中脯 1貼
전생서	生猪 1口
교서관	冊紙 40貼, 時政記紙 8貼, 衣紙 15貼
사섬시	休紙 11근 10냥
상의원	眞糸 15냥 1돈, 魚膠 3근 14냥 4돈, 正筋 1근 1냥 6돈, 梅實, 羊毛
예 조	進俸上品擣鍊紙 3권, 中品擣鍊紙 1권, 中紙 7권, 廣狀紙 6권
관상감	啓目紙 2권, 日課紙 12권
공 조	漆木 所出
조지서	楮田 所出

순천부에서는 내섬시를 비롯하여 모두 21개처의 중앙각사에 70여 종의 공물을 납부하였다. 순천부에서 납부한 공물 가운데 상당수를 차지하는 것은 원공물이었고, 내섬시에 납부한 진유·소두, 풍저창에 납부한 차초주지,[14] 제용감에 납부한 8승백저포, 광흥창에

납부한 정포 등은 전세조공물이었다.

한편 진상은 공물과는 달리 각도 관찰사, 병마·수군절제사를 위시한 지방장관이 국왕에 대한 봉상(奉上)의 예물로 국가의 제사에 사용되는 물품이나 왕실용 물품을 바치는 것이었다. 진상품은 이들 지방장관이 관할 내의 군현에 부과하여 이를 마련한 다음 군수·현감 중에서 차사원을 선정하여 사용원에 납부하였다.[15]

진상의 종류는 물선진상(物膳進上; 삭망진상[朔望進上]·별선[別膳]·일차물선급도계[日次物膳及到界]·과체진상[瓜遞進上]), 방물진상(方物進上; 명일방물[名日方物], 행행·강무방물[行幸·講武方物]), 제향진상(祭享進上), 약재진상(藥材進上), 응자진상(鷹子進上), 별례진상(別例進上) 등이 있었다.[16] 진상물 전체에 대해서는 실록에서 찾아지지 않지만, 『태조실록』부터 『중종실록』까지 산견되는 것을 표로 나타내면 다음과 같다.[17]

〈표 1-5〉 진상물의 종류

구분	품목
짐승류	生肉·生牛肉·猪·獐·鹿·牛乾牙獐·乾獐·乾鹿·鹿尾·鹿舌·牛脯·丁香脯·長脯·片脯·山羊皮·豹皮·鹿皮·孕獐
어패류	銀口魚·生文魚·大口魚·海龜·江豚·玉腹·鱸魚卵·凍蟹·生鰒·石化
조 류	生雉·生雁·鴨·天鵝
소 채 과실류	蕨·蓴菜·蔬菜·松蕈·山葡萄·獼猴桃·栗·甘榴·乳柑·紅柿·熟柿子·柑橘·新甘菜·甘草
기구류	蓑衣·矢筒·刀子·箭子·竹梳·木梳·竹皮席·草席·翡翠·衣襨·袄·表裡·冊紙等

진상물의 종류는 짐승류·어패류·조류·소채류·과실류·기구류

를 비롯하여 모피·의료, 그리고 기타 장식품 등이었다.

이상에서 살펴본 조선 전기 공물과 진상물은 산림천택에서 채취하거나 포획한 수렵물이 대부분을 차지하였고,[18] 그 밖에 이를 가공한 수공업품과 농업생산물 등이었다.

(2) 공납의 조달

중앙정부는 공물·진상 가운데 일부는 공조를 비롯하여 중앙각사 소속의 경공장들로 하여금 수공업 제품을 제작시키거나 장원서·사포서·전생서 등의 관영시설에서 화과·소채·종묘에 제사를 지낼 때 제물로 쓰는 짐승 등을 길러 충당하기도 하였지만, 대부분은 지방 군현으로부터 현물을 직접 수취하였다.

공물에는 각 군현에서 준비하여 납부하는 관비공물(官備貢物)과 각 군현의 민호에서 수취·납부하는 민비공물(民備貢物)이 있었고, 그 밖에 민호 중에서 종사하는 생업에 따라 정역호(定役戶)를 정해 두고 특정한 물자의 규정된 양을 생산·포획·제조하여 납부하는 특수공물이 있었다. 진상품의 조달도 공물과 마찬가지였다.[19]

먼저 관비공물에 대해 살펴보면, 과실은 각 군현의 과원에서 과일나무를 심어서 공물로 충당하였고,[20] 종이[紙地]·옻[全漆]·꿀[淸蜜]·밤[芝栗]은 각 군현에서 배양하여 공물로 충당하였다.[21] 『경국대전』에 수록되어 있는 재식 조항은 관비공물을 위해 둔 것이었다.[22]

한편 소·말·양·돼지·새끼양 등은 각 군현에서 사육하여 공물·진상으로 납부하였지만, 노루·사슴·호랑이·표범 등의 짐승류는 강무에서 포획한 것으로 납부하기도 하였다. 강무의 목적은 군사훈련에 있었지만,[23] 포획한 짐승을 공물·진상으로 조달하는 것도 주요한 목적의 하나였다. 각 포구의 만호·천호·영선두목(領船頭目)과 제읍의 수령은 강무에서 포획한 짐승과 이를 가공한 가죽을 공물·진상으로 납부하였다.[24] 그런데 토지가 개간되고 백성들이 증가함에 따라 사슴과 노루 등의 짐승이 날로 감소함에 따라 군현에서는 다른 동물로 대신할 것을 요구하거나 무역하여 납부하였다.[25]

각 군현에 분정된 대부분의 공물은 민호에서 수취하여 납부하는 민비공물이었다.[26] 그리고 정부기관에 소속되어 특수공물을 납부하는 정역호에는 정상탄정역호(正常炭定役戶)·응사(鷹師)·약부(藥夫)·염간(鹽干)·생선간(生鮮干)·생안간(生雁干)·산정간(山丁干)·포작간(鮑作干)·소유치(酥油赤)·아파치(阿波赤) 등이 있었다.[27] 이들은 종사하는 생업에 따라 특정한 물자를 공물·진상으로 납부하는 대신 전세 이외의 제(諸)잡역을 일체 면제받았다.[28] 그리고 특수한 물자를 생산하기 위해 일반민 혹은 군사를 동원하여 마치 정역호와 같이 그 의무를 명시해서 '모모군(某某軍)'으로 부르는 경우도 있었는데, 소목군(燒木軍)·한도연와군(漢都鍊瓦軍)·취련군(吹鍊軍)·채포군(採捕軍) 등이 이에 속하였다.[29]

각 군현에서 준비하여 납부하던 관비공물과 정역호가 담당하던 공물·진상은 시대의 추이와 함께 점차 민호에게 전가되었다. 이는 성종 원년(1470) 정월에 도승지 이극증이 초(草)를 잡아 아뢴 사목에 "(칠목은) 지금 전적으로 (관에서) 배양하지 않고 민간에게 바치라고 요구하고 있으니 매우 불가하다."[30]라고 한 것이라든지, 명종 12년(1557) 5월 단양군수 황준량이 올린 민폐 10조 가운데 산행(山行)의 폐단에 대해 "봉진(封進)하는 수는 일찍이 정해진 법이 있고 사

조선 전기 공납제의 운영

냥하는 사람도 각기 해당자가 있는 것인데, 지금은 짐승의 사냥을
오로지 민에게만 의존하고 있다."[31]고 한 것에서 알 수 있다.

2. 전세조공물 설정과 수취

과전법의 전세규정에 의하면 수전에서는 조미를, 한전에서는 잡곡을 수취하는 것을 원칙으로 하였다.[32] 그러나 전세에서 곡물 대신에 정포·면포·면주·저포 등을 거두기도 하였는데, 이를 전세조공물이라 하였다. 전세조공물은 '전세소출공물' 혹은 '전세소납공물'이라 하여 전세에서 나오는 공물 혹은 전세에서 바치는 공물이라 해석된다. 그래서 포류의 경우 외방전세백저포(外方田稅白苧布)·전세포화(田稅布貨)·전세포자(田稅布子) 등으로 지칭되었고,[33] 참기름[胡麻油]·들기름[水蘇油]과 꿀[淸蜜]·촉밀(燭蜜) 등이 팥[小豆]·모밀[蕎麥]·중미(中米)와 함께 전세로 지칭되었다.[34]

1) 전세조공물 수조지 규모

조선 전기 중앙각사의 재정은 국가에서 지급받은 각사위전과 지방 군현에서 바치는 공물 등을 재원으로 삼아 이를 독자적으로 관리·지출하는 경비자판(經費自辦)의 원칙 아래 운용되었다.[35] 각사위전은 주로 공상기관에 소속되어 있는 토지로 각지에 흩어져 있었는데,[36] 이는 민전 위에 설정된 국가수조지였다.[37]

전세조공물은 주로 왕실공상을 담당하는 기관에서 수취하였다.

즉 내자시·내섬시·인순부·인수부 등에서는 공상에 필요한 유밀(油蜜)과 포(布)를, 예빈시에서는 빈객의 연향이나 종실·재신들의 음식 공궤에 사용할 유밀을, 의영고에서는 사신의 연향이나 궁궐에서 필요한 유밀을, 제용감에서는 의복하사·왜인에게 답례·진헌 등에 필요한 포류를 이들 기관에 소속되어 있는 위전에서 각각 수취하였다.[38]

그러면 전세조공물을 수취하는 위전의 규모는 어느 정도 설정되어 있었을까? 이에 대해서는 태종 원년(1401) 5월 공부상정도감에서 올린 내용에 의하면, 제고·궁사 및 호조·공조·내부시·광흥창 등에서는 당해 각사에 소속되어 있는 위전에서 포·밀·납·유·저포·미포 등을 전세로 징수하였고, 수취물에 따라 크게 수미전과 수포화잡물전으로 구분되어 있었다. 수포화잡물전 내에서도 각사별로 수취하는 전세의 수취물에 따라 수미·수포·수밀·수납·수유·수저포전 등으로 나누어 파악하였다.[39] 이를 표로 나타내면 다음과 같다.

〈표 1-6〉 전세조공물의 수조지 규모

분급관청	분급 위전	수량	내 용
諸庫·宮司	收 布 田 收 蜜 田 收 蠟 田 收 油 田 收 棉 田	25,031결 1,310결 710결 947결 37결	1/3은 正五升布로, 2/3는 米로 수취. 蜜 30石 蠟 120石 ┐을 定屬하고 나머지는 米로 수취. 油 70石 代田으로 定屬.
戸 曹	收正五升布田	22,132결	代田으로 定屬. 나머지는 米로 수취.
工 曹	收白苧布田	164匹田	米로 수취.
內府寺	收正五升布田 收 油 田 收苧布田	7,372결 622결 1,265결	代田으로 定屬.

廣興倉	收油田 收正五升布田	3,300결 27,978결	모두 米로 수취.

　각사에 분급한 위전의 규모는 제고·궁사 및 호조·내부시·광흥창 소속의 수오승포전이 82,513결, 공조 소속의 수백저포전이 164결, 내부시 소속의 수저포전이 1,265결, 제고·궁사 소속의 수면전이 37결이었고, 그 밖에 수밀전이 1,310결, 수납전이 710결, 수유전이 4,869결이었다. 각사에 분급한 위전의 총 규모는 90,700결에 달하였다. 태종 원년(1401)에 전국의 토지를 80만결[40]로 파악하고 있는 사실과 대비해 보면 그 규모는 결코 작지 않다. 각사위전 가운데 가장 큰 비중을 차지하고 있는 것은 포화위전(布貨位田)이었다.

　각사위전에서 전세조공물로 수취한 포류는 백저포·면주·면포·정포(정5승포) 등이었다(<표 1-3> 참조). (백)저포는 경기·충청도·경상도·전라도에서, 면주는 충청도·경상도에서, 정포는 경기·충청도·경상도·강원도에서, 면자는 충청도·경상도에서, 면화는 경상도에서 각각 수취하였다. 포류의 원료 생산지는 다음과 같다.

〈표 1-7〉『세지』 토의 항목에 보이는 포류의 원료 생산지

종류 도별(군현수)	상(桑)	마(麻)	목면(木棉)	저(苧)
경 기(41)	36	36	0	0
충청도(55)	22	8	3	10
경상도(66)	25	31	13	1
전라도(56)	41	49	27	14
황해도(24)	5	11	0	2
강원도(24)	24	24	0	2

평안도(47)	43	43	0	0
함경도(22)	8	14	0	0
계(335)	204	216	43	29

상과 마는 모든 도에서 생산되었고, 저와 목면은 일부 도에서만 생산되었다. 저는 충청·경상·전라·황해·강원도에서 생산되었는데, 이 가운데 충청·전라도가 약 80%를 차지하고 있다. 그리고 목면은 충청·경상·전라도에서 생산되었는데, 충청도는 55개 군현 가운데 4개 군현, 경상도는 66개 군현 가운데 13개 군현, 전라도는 56개 군현 가운데 27개 군현이 생산지로 되어 있다. 그 중에서도 경상도와 전라도가 분포율이 매우 높은 편이다.

포화전은 경기·충청·경상·전라·강원도에 설정되어 있었는데, 그 가운데 경상도에 가장 많이 설정되어 있었다. 『경지』에 의하면 111개 군현(속현 포함) 가운데 정5승포를 납부한 군현이 107곳, 저포는 106곳, 면주는 82곳, 목면은 64곳, 면자는 90곳, 면화는 진주 1곳이었다.

2) 전세조공물 수조율

과전법의 전세규정에 의하면 공·사전을 막론하고 수전 1결에서는 조미 30두를, 한전 1결에서는 잡곡 30두 혹은 포 1필을 거두는 것으로 규정되어 있었다.[41] 한전 1결에서 포 1필을 거둔 것은 당시 오종포(五綜布) 1필 값이 미(米) 3~4두, 두(豆) 7~8두였고, 정포 1필이 오종포 4필이었기 때문에 미 15두·두 30두로 규정하였다.[42] 한전 1결에서는 정포 1필을 거두었으나 수전 1결에서는 정포 2필을 거두었

다.[43]

과전법 하에서 전세는 1/10조율에 따라 1결당 30두라는 세액이 법제화되어 있었지만, 농사의 작황에 따라 조세를 감면하게 되어 있었다. 이처럼 전세는 수손급손(隨損給損)의 법이 적용되었지만,[44] 전세조공물은 이 법이 적용되지 않는 정액전세였다. 즉 전세조공물은 전세 대신 정액의 포나 유밀 등을 바쳤고, 미·두를 내는 토지는 작황 정도에 따라 조세를 바쳤던 것이다.

전세조공물의 운영 방식이 크게 변하는 것은 태종 9년(1409) 3월에 와서이다. 즉 사헌부에서 "전세는 수손급손법이 적용되나 세포전(稅布田)만은 이 법이 적용되지 않아 풍흉에 관계없이 거두어들인다."며 이에 대한 시정을 요구하자, 의정부의 논의를 거쳐 마침내 전세조공물도 수손급손법이 적용되었다.[45]

태종 16년(1416)에는 하륜(河崙)과 의정부·육조에 명하여 저포·면주·목면 위전을 상정(詳定)하였는데, 10승저포 1필은 한전 2결 50복(卜)·수전 1결 25복, 9승면주와 7승목면 1필은 한전 3결·수전 1결 50복을 할당하고 있다.[46] 따라서 10승저포 1필은 정포 2.5필, 9승면주와 7승목면 1필은 정포 1.5필에 준하였다.

세종 5년(1423) 3월에는 백저포위전(白苧布位田)을 개정하였다. 즉 종전에 12승백저포 1필은 전 4결 70복(황두 141두), 11승백저포 1필은 전 4결 27복(황두 128두 1승)으로 각각 배당하던 것을 이때에 이르러 10승백저포 1필은 전 3결(황두 90두), 9승포 1필은 전 2결 50복(황두 75두), 8승포 1필은 전 2결 25복(황두 67두 5승)으로 각각 배당하였다. 태종 16년에 10승저포 1필이 전 2결 50복에서 배당되었던 것이 이때에 이르러 3결로 배당되었던 것이다. 12승·11승백저포를 제외하였던 것은 농가에서 이러한 세포(細布)를 정해진 규정대로 직조할 수 없었기 때문이고, 또 당시 명나라에 파견하는 사절의 노자 및 명사신의 두목 등에게 사급하는 10승과 8·9승백저포의 수요가 증가했기 때문이다.[47]

건국초 정포 1필에 미 15두·콩 30두였던 전세포가(田稅布價)가 재조정되는 것은 세종 18~19년에 공법이 제정되면서였다.[48] 공법 제정 과정에서 전세조공물에 대해 최초로 논의되는 것은 세종 12년(1430)이다. 그 내용인 즉 관인들에게 절급한 사전(私田)은 그만두고라도 풍저창·광흥창·내자시·내섬시·봉상시·인수부·인순부·의영고·군자감 등의 각사 소속의 전지와 외방 각관의 아록·늠급·참역 등의 전지는 각 기관마다 그 수조지를 계정(計定)하여 분속시켜 왔다. 이제 공법에 따라 일률적으로 결당 10두씩 수조한다면 반드시 전지를 더 지급해야 하고, 그렇게 되면 군자전이 크게 줄어든다는 것이었다.[49] 여기에 제시된 의견은 정액세법으로서 공법을 시행하기 위해 미리 검토 정비되어야 할 문제점이었다. 공법 논의의 초두에 그러한 문제점이 제시되었다는 사실은 그 논의가 이미 오래 전부터 계속되어 오고 있음을 반영하였다고 해석하기도 한다.[50]

그 후 세종 18년(1436) 윤6월에 의정부참찬 하연(河演)은 "민간의 포가(布價)가 미는 5~6두, 콩은 10여 두에 불과한데, 전세포는 미 15두·콩 30두에 준한다는 것은 과다한 것 같으니, 다시 미는 10두로, 콩은 20두로 고쳐 정할 것"[51]을 건의하였다. 그의 말대로라면 전세포가는 국초에 비해 3배나 폭등한 것이 된다. 그리하여 그는 정포 1필당 미두의 값을 각각 1/3씩 감하여 미 10두·콩 20두로 정할 것을 청하였던 것이다. 이에 대해 세종은 19년(1437) 2월 호조에 전지하기를, "정포의 시가는 미 5~6두·콩 15두인데, 전년 공법의 과정에서 정포 1필가로 미 10두·콩 20두의 책정 논의도 과다한 것이니, 정포 1필가는 미 7두 5승·콩 15두로 개정하고, 기타 명주·면포·저포 및 잡위미두(雜位米豆)를 상항에 의해 알맞게 감하는 것이 어떠한가를 숙의하여 알리라."고 하였다.[52] 이 개정 논의는 동년 3월에 이르러 이전에 미 15두·콩 30두이던 전세포가를 콩에서 10두, 미에서 5두씩 감하여 콩은 20두, 미는 10두로 삼아 수납케 하고, 명주·면포·저포 및 잡위미두도 이에 준해 양감(量減)하여 그해 가을부터 시행케 하였다.[53]

공법은 세종 19년(1437) 7월에 일단 공포되기에 이르렀는데, 이때 상정된 내용은 전품(田品)에 따라 전국을 3등도로 구분하고, 다시 각 등도를 종래의 전품에 따라 3등전으로 나누어 수세액을 20~12두로 정하였다. 단 수전은 조미(糙米), 한전은 황두(黃豆)로 수납하였다.[54]

공법은 그 후 몇 차례의 개정을 거쳐 세종 26년(1444) 11월에 이르러 확정 공포되었다. 전은 6등으로 구분하고 한전의 소출은 전례에 따라 수전의 절반으로 정하였다. 즉 상상전 수전 1결의 세미(稅米)가 미 20두이면 한전의 세는 황두는 20두, 전미(田米)는 10두를 징수하고, 잡위전은 앞으로 고쳐 상정·절급하기까지 우선 종래의 절수지 그대로 획급한다는 것이었다.[55]

새로운 수세법인 공법의 확정에 따라 잡위전도 조정할 필요가 있었다. 왜냐하면 6등전품의 분등과 거기에 따른 새로운 각등 결적(結積)의 편성은 국가 각 기관의 기능 유지에 적절한 규모의 각 위전 설정을 불가피하게 하였을 뿐만 아니라, 이제 전국적으로 통일되는 수세제 하에서는 분사(分司) 분속(分屬)의 재정 운용 방식이 극히 불편해지고 있었기 때문이다.

태종 9년(1409)에 전세조공물도 농사의 작황에 따라 조세를 감면하는 수손급손법이 적용되었음은 전술한 바 있다. 따라서 각사의 전세수입은 풍흉에 따라 매년 다를 수밖에 없었다. 이러한 문제점을 시정하기 위해 시행한 것이 바로 세종 27년(1445)의 국용전제(國用田制)이다.

국용전제 시행 이전에는 전국의 토지가 경중각사위전(京中各司位田)과 외군자위전(外軍資位田)으로 분속되어 있어 해마다 풍흉에 따라 전세수납의 양에 차이가 생겨, 경중각사에서는 그 세입이 부족할 경우 으레 외군자에서 빌려서 충당하였다. 그런데 각사위전제의 형태는 각사 개별적으로 운영되어 지출에 관한 사무가 번잡하였을 뿐만 아니라 새로 설정된 공법으로 계산해도 번잡하기는 마찬가지였다. 그리하여 주군의 역전·아록전·공수전을 제외한 경중의 풍저창위전·광흥창위전과 각사위전을 모두 혁파하고 이를 국용전으로 귀속시켰던 것이다. 그리고 외방 각관에서는 경중각사에 납부하는 일정한 수를 계산해 민호에 분정하여 수납(輸納)하게 하고, 나머지는 지방관아의 국고에 납입하게 하면 계산이 편리할 뿐만 아니라 민간에서 납부하던 전세조공물인 미곡·밀랍·포화의 어렵고 쉬운 것과 고되고 헐한 것 역시 공평을 기할 수 있었다.[56] 국용전제가 시행되면서 전세조공물의 위전전세도 개정되었다.

의정부에서 호조의 첩정에 의거하여 아뢰기를, "……전날의 각사위전에서 바친 수량을 상고하여 보면 정포 1필에 하전(下田)은 1결 20복인데, 전지의 소출로 계산하면 두(豆)는 19두 2승, 백미는 15두에 정미(精米) 3두입니다. 아울러 하수전(下水田) 1결 12복 5속을 전지의 소출로 계산하면 미(米) 18두·유(油) 1두이고, 하전 61복을 전지의 소출로 계산하면 두 9두 7승 6홉[合]·납(蠟) 1근입니다. 하전 1결 21복 9속을 전지의 소출로 계산하면 두 19두 5승 4작(勺)입니다. 다른 것도 모두 이와 같습니다. 홉·작까지 계산하여 심히 번쇄하므로 홉·작의 수는 지금 없애소서." 하니, 그대로 따랐다(『세종실록』 권109, 27년 7월 을유조; 4-624라).

세종 19년(1437) 공법에서는 정포 1필에 하전 1결 20복이 할당되었고, 그 소출액은 두 19두 2승이던 것이 이때에 이르러 19두로 정해졌다. 그러나 유와 납의 경우는 유 1두에 콩 9.76두, 납 1근에 콩 19.504두에 준한다는 그 수정된 수치만 확인될 뿐이다.

전세포화는 건국 초에 황두 30두에 준하던 것이 세종 19년에 19두로 개정되었고, 또다시 12두로 개정되었다.[57] 12두로 개정된 시기는 세종 27년 국용전제가 시행된 때이다. 이것은 다시 예종 원년(1469) 9월에 상정소(詳定所)의 상계에 의해 정포 1필을 황두 10두에 준하도록 규정되었다.[58] 한전 1결당 전세포화는 건국 초에 정포 1필이 황두 30두에 준하던 것이 후에 감가되어 20두·19두·12두·10두로 납부하는 것으로 되었다.

전세조공물의 정가에서 기준 역할을 한 것은 정5승포였다. 원래 정포는 5승으로 짠 마포를 지칭하였다. 그것은 전세조공물가를 상정할 때 주로 정포가 논의되고 있고, 또 정포 정가의 변동에 따라 면주·면포·저포 및 잡물전의 미두액을 조절하자는 기록에서도 확인된다.[59] 그러나 고려 말에 전래된 목면 생산이 증대되면서 마포 대

신 면포가 정포로 통칭되기에 이른다.[60]

3. 공납제의 특징

1) 군현단위 분정

조선 초기의 군현제 정비는 태종 대를 전후한 15세기에 이루어졌다. 이는 다분히 신분적이고 계층적인 군현체제를 명실상부한 행정구역으로 개편하는 과정에서 속현과 향·소·부곡 등 임내의 정리, 규모가 작은 군현의 병합, 군현 명칭의 개정 등 지방제도의 전반적인 개혁을 단행한 것이었다. 그리하여 군현은 그 토지와 인구의 규모에 따라 주·부·군·현으로 구획되었다.[61]

조선 전기에는 호적과 양안이 자못 모호한 상태로 운용되고 있었다. 당시 농민은 국가의 강력한 통제 아래 긴박되어 있어 거주 이전의 자유가 없었는데도 농업생산력의 상대적 저급성으로 인해 생계가 불안정하여 자연적 재해나 국가 사회적 침탈로 흔히 유망 도산하거나, 혹은 호강자에게 투탁하여 협호·고공·비부·노비로 전락하기도 하였다. 이러한 주민들의 잦은 유망은 근본적으로 호구수를 제대로 파악할 수 없게 하였다. 따라서 국가는 사실상 실재하는 전체의 호구를 대상으로 하지 않고 가능한 한도 내에서 전통적인 관례에 따라 각 군현에 책립한 일정한 호수만을 파악하였던 것이다. 양안의 경우도 호적보다 더 나을 것이 없었다. 양전의 기본 방침은 대

체로 옛 전안(田案)에 올라 있는 결총을 채우는 일이 고작이었다.[62]

호적(군적)·양안 등 국가 실세의 기초자료가 이같이 미비한 상태여서 국가수취제를 직접 실상에 맞도록 정확하게 운용하기란 어려운 일이었다. 따라서 공물을 비롯한 군역·요역 등의 국가적 수취는 군현 단위로 책정되었다.

각 군현을 단위로 공동체적으로 책정될 때 그것은 필연적으로 부실(富實)한 군현보다는 쇠잔한 군현에 더 과중한 부담이 지워지게 마련이었다. 가령 중종 37년(1542) 정월에 예안현감 김수옹(金守雍)은 요역 부담에 있어 소(小)군현인 예안과 12개의 속현을 보유하고 있는 안동대도호부의 경우, "예안의 1년 동안의 역사(役使)를 안동의 백성들은 13년 동안 나누어 하게 되고, 안동의 백성들이 13년 동안 할 역사를 예안의 백성들은 한 해 동안에 모두 하게 된다."[63]는 기록에서 알 수 있듯이 대군현과 소군현의 요역 부담에서 현격한 차이를 보이고 있다고 하였다.

이러한 현상은 공물분정에서도 마찬가지였다. 즉 "대군현에서는 백성의 납공(納貢)이 한번 돌아가거나 돌아가지 않기도 하지만, 소군현에서는 작은 납공이라도 사면의 백성이 아울러 내고 힘을 합쳐야 하므로 백성이 매우 곤폐하다."거나,[64] 혹은 대군현에서는 1~2년에 한번 공물을 납부하는 데 비해 소군현에서는 1년에 20여 번에 걸쳐 공물을 납부하기도 하였다.[65] 이처럼 소군현은 대군현에 비해 부세 부담이 실로 과중하였기 때문에 이웃 고을의 토지를 할애해 줄 것을 요구하거나, 혹은 호구의 할당과 공물의 이정(移定)을 요구하였다.[66]

하나의 군현이 존립하기 위해서는 요역·공물 등의 국가적 부세를 부담할 능력을 구비해야만 하였고, 이외에도 관아나 향교의 건물, 노비·향리 등의 인적 자원, 그리고 공수전·아록전 및 향교 늠식전 등의 경제적 조건도 아울러 갖추어야만 하였다.[67] 이러한 제반 조건을 갖추지 못했을 경우에는 군현으로 존립할 수 없었다. 예컨대 세조 때 평안도 운산군의 경우 주민이 100여 호 밖에 되지 않아 공물과 요역을 감당할 수 없기에 혁파하여 영변부의 속현으로 삼은 것[68]은 이를 말해준다.

반역·난언(亂言)·관장살해(官長殺害)·불효·패륜 등 강상(綱常)에 위배되는 사건이 발생하였을 때는 당해 군현이 혁파되거나 강등되었다.[69] 그런데 군현 혁파시에 많은 문제점이 야기되었다. 그것은 혁파된 군현의 공물을 타 군현에 이정해야 하였기 때문이다.[70] 세조 때 이시애의 난 후에 길주목을 혁파하지 않고 길성현으로 강등시켰던 것도 군현 혁파에 따른 많은 문제점이 야기되었기 때문이다.[71] 그리하여 국가에서는 군현을 혁파하기보다는 강등시켰던 것이다.

한편 국가에서는 '땅이 좁고 백성이 적은[地狹民少]' 군현을 병합하기도 하였다. 군현병합은 국초부터 논의되었으나 본격적으로 착수한 것은 태종 때였다.[72] 그런데 당시 국가에서 추진한 군현병합은 대부분 얼마 안 되어 복설·환원되었다.[73] 그 원인은 물론 토성이민(土姓吏民)들이 그들의 세력기반이 약화되는 것을 우려하여 결사적으로 반대한 경우도 있었지만,[74] 무엇보다도 국가가 각 지방이 처한 지리적·경제적 조건을 무시하고 일방적으로 병합을 추진하였기 때문이었다.

군현병합이 올바른 방향으로 추진되기 위해서는 당해 군현민의 뜻을 물어 행한다면 별 문제가 없겠지만, 이는 쉽게 행할 수 있는 문제가 아니었다. 군현 단위로 분정된 공물은 원칙적으로 당해 군현의 토산물, 전결수, 호구수 및 각사경비 등을 참작하여 책정했기 때문에 이에 변화가 있을 때에는 아울러 공안 개정도 수반되어야 했다.[75] 그러기 위해서는 병합되는 양읍에서 바치는 공물의 수량이라든지 잡물 수량을 세밀하게 확인하여 정부에 보고해야만 하였다.[76]

그러나 공물은 종류가 매우 다양하였기 때문에 전 지역에 걸친 모든 산물의 조사와 중앙각사의 미세한 용도에 따라 이를 상정한다는 것은 실로 어려운 작업이었다. 뿐만 아니라 공물 책정과 국가경비와는 표리 관계를 이루고 있었기 때문에 공물을 너무 적게 책정하면 국가경비가 부족하게 되고, 지나치게 많이 수취하면 민에게 크게 부담을 가져왔으므로 양자의 조화를 이루는 것 또한 쉬운 일이 아니었다. 군현병합 문제를 거론할 때마다 군신들이 으레 "군현연혁은 경솔하게 거론할 수 없다."라는 이유를 들어 반대하자, 국가에서는 가급적이면 현 상태로 유지하려고 하였던 것이다.[77] 율곡 이이는 군현병합시 공안을 개정하지 않고 병합할 것 같으면 별로 이익이 없을 것이라고 하였다.[78]

2) 일정부동 원칙

전세는 홍수·한발 등의 자연재해로 흉황을 당하였을 때 손실에 따라 감면해 주는 수손급손법이 적용되었으나, 각사에 납부하는 공물은 원칙적으로 감면되지 않았다. 가령 세종 6년(1424) 3월에 강원도관찰사 황희(黃喜)가 올린 계문에 의하면, 강원도 영서 군현의 경우 인물이 번성할 때에 민호수가 9,909호였으나 기근으로 인해 유망한 호가 2,567호에 달하였는데도 이전에 분정한 공물을 현재 남아 있는 민인에게 덧붙여 징수하기 때문에 그 폐가 막심하다고 하였다.[79] 또한 16세기의 학자 임훈(林薰)이 올린 언양진폐소에 의하면, 조정의 논의에 따라 진전(陳田)에서의 수세는 민의 원망을 염려하여 각도로 하여금 수목이 무성해져서 영원히 황폐된 진전을 초출하여 면세해 주었는데, 언양현의 진전이 총 458결이나 되는데도 단지 세미(稅米)만 면제해 주고 공물에 대해서는 면제해 주라는 명령이 없으므로 현민(縣民)은 자기가 소유한 토지뿐만 아니라 유망하여 절호된 자의 공물까지 부담한다고 하였다.

이와 같이 각 군현에 부과된 공물액수는 호구의 증감과 토지의 진전이 있더라도 개정이 따르지 않는 한, 일단 공안에 등재된 공물은 납부해야만 했다. 이 때문에 군현에서는 유망하여 절호된 자의 공물을 족친(族親)과 인리(隣里)에게 분징하였던 것이다. 그리하여 전일에 7~8호에서 납부하던 공물을 1호에서 바치는 경우도 있었다.[80]

이처럼 공물은 감면되지 않는 것이 원칙이었지만, 국가에서는 수재 등의 자연재해로 인한 실농과 사신 접대 등으로 피폐한 민인을 회복시키기 위해 공물을 한시적으로 헤아려 감하거나 혹은 영구히 면제해 주는 경우도 있었다. 이는 국왕이 대민정치의 일환으로 민인의 부담과 고통을 덜어주려는 데 있었다.[81] 그렇다고 흉황·기근을 당할 때마다 국왕이 공물을 감면해 줄 수는 없었다. 한 예로 세종 19년(1437) 정월에 연이은 흉년으로 인해 공물을 견감하여 국용이 부족하게 되자, 각품(各品)의 녹봉을 감하고 재사(齋舍)에 기숙하고 있던 성균관의 생원을 내보낸 적이 있었다.[82] 이처럼 용도를 헤아리지 않고 공물을 감면했을 때에는 경비의 부족을 초래하였다. 그리하여 국가에서 공물을 감면할 때에는 외방에서 납부하는 공물과 중앙 각사의 1년에 필요한 경비 및 창고에 남아있는 수를 참작하여 공물 을 감면해 주었다.[83] 견감의 대상이 되었던 공물은 대부분 각 군현 에서 이전에 미납한 공물이거나 각사에 남아 있는 물품 가운데 여 유분이 많은 물품, 국용에 긴요하지 않은 물품 등이었다.

중앙각사에 바치는 공물을 국왕이 한시적으로 혹은 영구히 감제 (減除)하여 민인이 혜택을 받기도 했지만, 때로는 군현의 수령이 이 에 따르지 않고 계속 바치기를 독촉함으로 인해 감면의 혜택이 민호 에 돌아가지 못하는 경우도 있었다.[84] 이 때문에 시골 백성들은 국 가에서 공물을 감면했다 하더라도 어떠한 공물이 감면되었는지조 차 모르고 있는 실정이었다.[85] 국왕은 이에 대한 대책으로 감면한 공물이 있을 때에는 각 군현의 역(驛)에 방(榜)을 붙여 효유하게 하 기도 하였고,[86] 관찰사로 하여금 친히 권농(勸農)·이정(里正)을 불러 서 감면한 뜻을 일일이 유시하고 함부로 징수하는 수령을 치죄하는 법을 민간에 주지시키게 하거나,[87] 어사를 각도에 파견하여 민인의 질고를 묻게 하기도 하였다.[88] 그러나 민인들은 추문받을 것을 두려 워하여 감히 호소조차 하지 못하였다.[89]

국용에 긴요한 공물은 아무리 흉년이 심하게 들었다 하더라도 감 면되지 않았고,[90] 사신 접대에 쓰이는 공물도 대체로 감면되지 않았 다.[91] 공물의 감면이나 면제가 부득이 할 때에는 이를 타 군현에 이 정하는 경우도 있었다.[92] 타 군현으로의 공물 이정은 민인의 부담을 덜어주려는 데 있었지만, 공물이 이정된 군현의 민인이 피해를 입기 는 마찬가지였다.

3) 임토작공 원칙

임토작공은 우(禹)임금이 천하를 9주로 나누어 그 지방에서 생산되는 특산물을 거두는 것에서 유래하였다.[93] 공물은 이 원칙에 따라 분정되었기 때문에 특산물이 생산되는 지역은 타 지역에 비해 많이 배정되었다.[94] 조선 전기 각 지역의 대표적인 공물은 충청·전라·경상도의 면포, 평안도와 황해도의 면주, 함경도와 강원도의 상포, 양계지방의 초서피, 강원도의 목재, 황해도의 철물, 전주와 남원지방의 후지(厚紙), 임천과 한산 등지의 생저(生苧), 안동의 자리[席子], 제주도의 말 등을 들 수 있다.[95]

어떤 군현에서 특산물이 생산된다는 사실이 중앙에 일단 보고되면, 그 특산물은 당해 군현에서 해마다 바치는 공물[恒貢]이 되었다.[96] 이 때문에 민인들은 그 지역에서 어떠한 특산물이 생산된다 하더라도 해마다 바치는 공물이 되는 것을 두려워하여 이를 말하려 하지 않았다.[97]

특산물이 생산되는 지역은 항시 중앙권력에 의해 집중적으로 주구적 수탈의 대상이 되었다. 예컨대 제주의 감귤은 종묘의 천신과 빈객의 접대에 매우 긴요하여 관부의 과원에서 배양하여 납부하였다. 그런데 관부에서는 배양의 잘못과 찬바람으로 예전에 심은 것이 없어지게 되면 이를 민호에서 수취하였다. 즉 관부에서는 민호의 감귤이 겨우 열매가 맺으면 개수를 헤아려 표지를 달았는데, 조금이라도 차이가 나면 벌금을 징수하였고, 기한에 미처 관부에 도착하지 않으면 형벌을 가하기도 하였다. 이 때문에 백성들은 귤나무 심기를 즐겨하지 아니하였고, 심지어 뽑아 버리기까지 하였다.[98] 이와 같이 특산물이 나는 지역에만 공물을 분정하게 되면 해당 지역만 집중적

조선 전기 공납제의 운영

인 수탈을 당하였기 때문에 불산공물도 분정하였던 것이다.[99]

　한편 각 군현에 분정된 공물 중에는 원래 그 지방에서 생산되었으나 세월이 경과함에 따라 산물이 줄었거나 절산된 것도 적지 않았다. 그러나 각 군현에 분정된 공물은 일단 공안에 등재되어 있으면 산·불산을 막론하고 이를 납부해야만 하였다. 가령 함길도 6진에는 초서피(貂鼠皮)가 공물로 분정되었는데, 성종 초년에 이르러 그 산물이 적어 이 지역의 민은 오로지 여진과 무역하여 이를 납부하였다.[100] 특히 연산군 대에는 초서피를 6진에 많이 분정하였는데, 이곳 민인들은 이를 얻을 길이 없으므로 으레 소[牛隻]를 가지고 야인과 무역하여 납부하였다.[101] 야인은 우리 주민들이 초서피를 구매해야 된다는 절실함을 알고 이를 항시 준비하여 매매할 때 그 값으로 철물·우마를 요구하였는데,[102] 우리 주민들은 말 혹은 소 1마리와 초피 1장을 바꾸기도 하였다.[103] 『경국대전』에 "몰래 팔기를 금하는 철물·우마·군기 따위를 범한 자는 사형에 처한다."는 규정이 있는데도 변방 고을의 수령조차 철물을 가지고 야인과 무역하기도 하였다.[104]

　이와 같이 공안에 수록되어 있는 불산공물은 산지에 가서 고가로 구입하여 납부해야 했기 때문에 해당 군현의 민인에게는 상당한 부담이 되었다. 이에 대한 개정의 논의는 역대왕의 현안이 되었다.

　세종 이후 수차례에 걸쳐 공안 개정이 논의되었지만 별다른 대책을 강구하지는 못하였다. 공안을 상정할 때에는 그 군현이 잔폐한지 번성한지, 토지가 넓은지 좁은지, 물품이 나는지 안 나는지를 헤아려 공물의 다소를 작정하도록 되어 있었으나,[105] 이는 결코 용이한 일이 아니었다. 이 때문에 국가는 임토작공의 원칙에 어긋남에도 불구하고 일찍부터 소경전의 다과를 기준으로 공물을 분정하였던 것이다.[106]

제2장
조선 전기 공물분정의 변천

1. 공물의 수취지반

공물은 군현 단위로 책정하고 운용되었지만, 그 최종적인 부담은 민호에서 담당하였다. 민호에 대한 공물은 호의 등급에 따라 분정하였는데, 이를 위해서는 무엇보다도 그 수취지반인 호적과 양안의 정비가 전제되어야 하였다.

1) 호구 조사

호구 파악은 공물·요역·군역의 징수·부과는 물론 소농민층의 재생산 기반을 조성하려는 국가의 의도와도 밀접한 관련을 가졌다.[1] 국가가 호구수를 정확히 파악하지 못한 상황에서는 민인들에게 부세를 제대로 부과할 수 없었다. 따라서 국가는 호적을 정비해 장정의 총수와 거처를 확실히 파악하여 국가재정의 근간을 이루는 부세의 원천을 확보하려는 노력을 거듭하였다. 한편 국가에서는 부세를 부담하는 양인의 수를 늘리기 위해 고려 말부터 실시해 오던 노비변정사업을 비롯하여 승려의 환속, 신량역천층의 설정, 신백정(新白丁)의 양인화 등을 추진하였다.[2]

조선왕조 최초의 호적은 태조 2년(1393) 이전에 작성되었는데, 이는 건국 직후 새 도읍 건설 등에 필요한 역부(役夫)를 차출하기 위한 근거로 삼기 위해서였다.[3] 동왕 2년 5월에는 절제사와 안렴사를 8도에 파견하여 군적을 만들어 올리도록 하였는데, 당시 군적에 오른 자는 8도의 마병·보병·기선군이 200,800여 명, 자제들과 향리·역리·여러 유역자(有役者)가 100,500명으로 모두 301,300명에 달하였다.[4] 그러나 태조 대의 호적과 군적은 철저한 호구 파악을 통해 작성되었다기보다는 이전부터의 호적·군적을 기초로 하고서 국가의 필요에 따라 임시적으로 작성한 것이었다. 그 후 태종 4년(1404)과 6년(1406)의 호구조사에서는 322,786명과 370,365명의 인정이 파악되었다.[5] 당시 파악된 인정수는 태조 2년(1393) 5월 8도에서 올린 인정수보다 그다지 증가한 것이 아니었다. 따라서 당시의 호구 파악 역시 철저하게 행해지지 못하였다고 하겠다.

조선왕조는 개국 초부터 리(里) 단위로 호구를 정착시키고자 하였다. 이를 위해 국가에서는 호구 파악의 책임을 이장과 수령으로 연대시켜 리 단위로 수행하였다.[6] 그 후 태조 2년(1393) 12월에는 호적법을 정비하여 호구 파악 및 유이민의 규제를 위한 방도로서 외방의 각관 수령과 더불어 이내(里內)의 인구 동향 파악과 관련된 이정(里正)·이장(里長)·(이)방별감([里]方別監)의 역할을 강화해 나갔다.[7] 그리고 철저한 호구 파악을 기하기 위해 인보법(隣保法)과 호패법(號牌法) 등을 시행하였다.[8]

그러나 농민의 일시적 유망을 국가가 억지로 금압할 수는 없었다. 국초 이래 농민은 국가의 강력한 통제 아래 긴박되어 있어 거주 이전의 자유가 없었는데도 농업생산력의 상대적 저급성으로 인해 생계가 불안정하여 자연적 재해나 국가 사회적 침탈로 유망 도산하거나 호강자에게 투탁하여 협호·고공·비부·노비로 전락하기도 하였는데, 이러한 현상은 항시적으로 일어나고 있었다.[9] 주민들의 잦은 유망은 국가로 하여금 호구수를 제대로 파악할 수 없게 하였다. 이로 인해 어느 호적이고 모든 주민을 등록시킬 수는 없었던 것이다.[10]

호적에 등록되지 않은 인정은 과역의 대상에서 제외되었다. 그러면 당시 호적에 등재되었던 자는 어떠한 자였을까? 태종 9년(1409) 12월 좌헌납 송희경 등이 올린 편민사의(便民事宜)에 의하면, 항산(恒産)이 있고 항심(恒心)이 있는 자가 그 관의 호적에 등재되어 부역에 이바지 한 것으로 보아,[11] 호적에 등재된 자들은 전토를 어느 정도 소유하고 있었던 항산자들이었다.

당시 호는 공납·요역 등의 부과 단위였는데, 이러한 호는 단순한 자연 가호의 수가 아니라 그 같은 여러 부담을 담당할 수 있는 편제 호였다.[12] 이들이야말로 공납을 비롯한 국가의 제부담을 담당하였다고 볼 수 있다.

호구성적(戶口成籍)은 국내의 전 인구를 누락 없이 성적한다기보다는 역역자원의 확보와 신분질서의 확립 그리고 유이민을 방지하는 데 역점을 두었기 때문에, 전체의 호구 파악 및 호구 통제를 위한 제도적인 장치를 마련하고 있으면서도 사실상 실재하는 전체의 호구를 대상으로 하지 않고 가능한 한도 내에서 전통적인 관례에 따라 군현별 실세를 파악하여 국가가 책립한 일정 호수만을 파악하였던 것이다.

당시 국가에서는 의식을 같이하는 자들을 동일호로 파악하고 있었다.[13] 이러한 호구 파악은 필연적으로 누락인구와 은점호구의 증가를 가져왔다. 이에 대해 세조 2년(1456) 9월 전라도관찰사 이석형은 향곡의 '세력 있고 교활[豪猾]'한 토호들이 긴 울타리를 둘러싸고 누호(漏戶)를 숨기고 있는데, 이들은 이정은 물론이고 수령까지도 여사로 여긴다고 하였다. 따라서 국가에서는 이들이 긴 울타리를 둘러싸고 부역을 도피한 양인을 많이 은점하고 있다 하더라도 통상 1호로 간주하였던 것이다.[14]

이처럼 호구를 제대로 파악하지 못함에 따라 각호마다의 인구수에서 많은 차이를 가져왔다. 그리하여 강원·황해·평안도에서는 대부분 1정(丁)을 1호로 삼았고, 경상·전라도와 함길도 6진에서는 혹 수십 인을 1호로 삼았던 것이다. 양성지는 경상·전라도 연해에 있는 군의 '세력 있고 교활한 집'에서 1호 안에 여러 가(家)를 두고 있기 때문에 평시에 부자는 부역을 면하고 가난한 자만이 항상 그 노고를 대신한다 하여 전국의 인구에 대해 빠짐없는 성적을 강력히 실시할 것을 주장하였다.[15] 이에 세조는 이듬해 4월 제도감사에게 유시를 내려 호구 파악과 군액 확보에 철저를 기하도록 지시하였고, 또 병조와 한성부로 하여금 경중에 있는 한량을 모두 쇄출하여 녹적(錄籍)하도록 하였다.[16] 세조 4년(1458) 4월에는 호패법을 시행하였고,[17] 동왕 7년(1461) 4월에는 공천(公賤)을 추쇄해서 성적하도록 하였다.[18]

이러한 일련의 작업이 일단락되자 세조는 전국적인 호구성적을 위한 조처로서 동왕 7년 7월에 제도성적작성경차관(諸道成籍作成敬差官)을 인선하여 파견한데 이어 다시 제도 감사에게 각도·각읍에 비치되어 있는 종전의 호적·군적을 모두 봉함해서 상송(上送)하라고 하였다.[19] 이것은 군현에서 기왕에 책정한 호적·군적을 모두 회수함으로써 이전과는 전혀 새로운 바탕에서 호구를 조사·성적한 것이었다.

조선 전기 공납제의 운영

조선왕조에서 위로부터 책립이 아닌 실제에 가까운 호구수를 파악하게 된 것은 세조 대의 일이었다. 당시 전국적으로 호구와 군액의 철저한 실세 조사를 단행한 결과 70만호 400여 만 구를 호적에 등재시켰다.[20] 그러나 세조가 추진하였던 호패·군적 등의 호구성적은 그 자신이 서거함으로써 그 후 예종·성종 초에 가서 완화되었다.[21] 그럼에도 일반 호적상에 파악된 호구는 중종 38년(1453)에도 836,669호, 4,162,021구로 나타나고 있었다.[22] 조선 전기에 대략 70~80만 호가 호적에 올라 공납·요역·군역을 담당한 기본 농민호이다.

2) 양전 실시

양전은 토지의 소유주와 기전(起田)·진전(陳田)의 실태를 파악하여 국가세수의 증대를 가져오는 데 그 목적이 있었다. 조선왕조 양전의 효시는 우왕 14년(1388)에 이성계 일파가 위화도회군으로 실권을 장악한 뒤 과전법을 준비하는 기초작업으로 공양왕 2년(1389)에 행해진 기사양전이라 할 수 있다.[23] 경기와 5도에서 실시된 기사양전은 양전 과정에서 산술의 미숙과 기한에 쫓겨 급작스레 행해졌기 때문에 경중(輕重)을 잃거나 혹 빠뜨린 곳도 있었고, 왜구의 침략이 잦았던 연해지역은 양전하지 못하는 등 여러 가지 제약으로 인해 철저하지 못하였다.[24]

조선 건국 후 최초의 대규모 양전은 태종 5년(1405) 9월에 행해진 을유양전이다. 하삼도를 시작으로 이듬해 5월까지 진행된 양전에서 새로 얻은 결수의 규모는 30여 만 결 이상에 달하였다. 결수가 대폭 늘어난 것은 왜구의 침해로 기사양전에서 미처 양전하지 못했던 연해지역이 개간되었기 때문이다.[25] 그러나 을유양전에서도 동·서북면은 제외되었다.

〈표 2-1〉 조선 전기 양전 실시의 현황

양전 시기	양전 실시 지역	전 거(실록)
태조 2년(1393)	新都 경기지역(作丁折給)	『태조실록』 권4, 2년 8월 기축(1-48다)
태종 원년(1401)	연해주군*	『태종실록』 권2, 원년 7월 갑인(1-210다)
태종 5년(1405)	충청·전라·경상도*	『태종실록』 권10, 5년 9월 정유(1-335가나)
태종 6년(1406)	경기·황해·강원도*	『태종실록』 권12, 6년 9월 갑자(1-376가)
태종 11년(1411)	평안·함경도*	『태종실록』 권22, 11년 12월 정유(1-613다)
세종 원년(1419)	제주	『세종실록』 권5, 원년 9월 무신(2-336다)
세종 10년(1428)	강원·전라도*	『세종실록』 권41, 10년 9월 계축(3-143가)
세종 11년(1429)	충청·경상도*	『세종실록』 권46, 11년 10월 계미(3-201나)
세종 14년(1432)	경기*	『세종실록』 권58, 14년 10월 임자(3-423나)
세종 25년(1443)	경기 安山	『세종실록』 권102, 25년 11월 을축(4-524나)
세종 26년(1444)	貢法에 따른 新量田法 제정	『세종실록』 권104, 26년 6월 갑신(4-561다)
세조 7년(1461)	경기*	『성종실록』 권241, 21년 6월 정미(11-610가)
세조 8년(1462)	충청·전라도*	『성종실록』 권241, 21년 6월 정미(11-610가)
세조 9년(1463)	경상도*	『성종실록』 권241, 21년 6월 정미(11-610가)
성종 2년(1471)	황해도*	『성종실록』 권57, 6년 7월 신미(9-246라)
성종 6년(1475)	강원도*	『성종실록』 권58, 6년 8월 정축(9-248다)
성종 17년(1486)	평안도*	『성종실록』 권196, 17년 10월 병자(11-146가)
성종 20년(1489)	함경도*	『성종실록』 권224, 20년 정월 경오(11-431나)
성종 23년(1492)	경기·충청도*	『성종실록』 권267, 23년 7월 정축(12-202다)
성종 24년(1493)	전라·경상도*	『성종실록』 권283, 24년 10월 을해(12-415다)
중종 8년(1513)	경기·충청도*	『증보문헌비고』 권141, 田賦考1
중종 17년(1522)	강원도*	『중종실록』 권46, 17년 11월 임신(16-177가)
중종 19년(1524)	전라도*(右道 25官)	『중종실록』 권52, 19년 12월 무오(16-366가)
중종 20년(1525)	전라도*(左道 29官)	『중종실록』 권55, 20년 9월 정묘(16-451라)
중종 21년(1526)	황해도*	『중종실록』 권57, 21년 7월 계묘(16-521라)
중종 23년(1528)	경상도*	『중종실록』 권62, 23년 7월 임오(17-7라)
중종 37년(1542)	함경도*	『중종실록』 권98, 37년 7월 경오(18-603다)
중종 39년(1544)	평안도*	『중종실록』 권105, 39년 12월 임진(19-174다)

* 표시: 대거양전(大擧量田) 실시지역

그 이유는 고려 말에 병란을 많이 겪어 전지가 황폐해져 수조(收租)를 관대하게 하여 민생을 풍족하게 하려는 면도 있었지만,[26] 이

지역에 여진족의 침입이 계속되는 동안 군사문제 이외의 다른 문제에 대해 관심을 기울일 겨를이 없었기 때문이다. 그리하여 동·서북면에서는 잠정적으로 전품(田品)의 등급보다는 '일경(日耕)' 단위로 수조하였던 것이다.[27] 동·서북면의 양전은 태종 11년(1411)에 착수하여 동왕 13년(1413)에 완료되었다.[28] 동·서북면의 양전이 완료되면서 제주지역의 양전도 함께 논의되어 왔으나, 현지출신 관인들의 반대 등으로 인해 제주지역의 양전은 세종 원년(1419)에야 실시되었다.[29] 전국적인 양전은 과전법이 성립된 지 무려 28년 만에 마무리되었다.[30]

세종 대에 들어와 남부 6도에 대한 개량(改量)의 요청이 일어나 세종 10년(1428)에는 강원도와 전라도의 양전이, 세종 11년에는 충청·경상도의 양전이, 세종 14년에는 경기도의 양전이 각각 실시되었다. 세종 11년부터 14년 사이에 제도의 양전이 실시되었지만 황해·평안·함경도의 양전이 실시되었는지의 여부는 알 수 없다.

한편 세종 초부터 양전제를 전면적으로 개편하려는 내용을 포함하는 새로운 수세법으로서의 공법에 대한 논의가 진행되면서 구래의 과전법에 의거하는 양전은 한동안 실시되지 못하였다. 공법은 세종 12년(1430)부터 본격적으로 진행되어 마침내 세종 26년(1444)에 확정되었다. 공법의 주 내용은 제도적으로 1/20세, 전분 6등, 연분 9등, 감면제도 등을 골자로 하고 있었다. 그러므로 공법은 새로운 전세제도의 개혁일 뿐 아니라 새로운 양전제로의 개혁을 수반하고 있었다.[31]

공법에 의거한 양전은 토지생산력이 상대적으로 안정되어 있는 하삼도부터 추진하였다. 전라도는 세종 32년(1450)에 새로운 기준에 의한 양전이 완료되면서 맨 먼저 공법이 시행되었다.[32] 이어 경기도는 세조 7년(1461)에, 전라·충청도는 세조 8년에, 경상도는 세조 9년에 양전이 완료되면서 공법이 차례로 시행되었다. 새로운 기준에 의한 양전은 세조 때까지 경기도와 하삼도에서 추진되었으나, 나머지 4도는 성종 때에 이르러서야 추진되었다. 즉 황해도는 성종 2년(1471)에, 강원도는 성종 6년에, 평안도는 성종 17년에, 함경도는 성종 20년에 양전이 완료되면서 공법이 시행되었다. 공법은 전라도에서 시작된 이래 약 45년 만에야 전국적인 시행을 보게 되었다. 그 후 성종 23년(1492)에는 경기도·충청도의 양전이, 성종 24년(1493)에는 전라·경상도의 양전이 다시 행해졌다.

　과전법 하에서의 양전은 대체로 30년을 한도로 개량하였지만,[33] 공법에 의한 전국 양전을 추진하는 도중에 편찬된 『경국대전』에는 20년마다 개량하는 것을 원칙으로 하였다.[34] 『경국대전』에 수록되어 있는 양전 규정은 물론 전국을 대상으로 하였다.[35]

　경기와 하삼도에서의 양전은 15세기 말까지 20~30년마다 비교적 잘 행해졌으나, 강원·황해·함경·평안 4도는 사정이 달랐다. 황해도는 태종 6년(1406)의 양전으로부터 65년이 지난 성종 2년(1471)에, 강원도는 세종 10년(1428)의 양전으로부터 47년이 지난 성종 6년(1475)에 다시 행해졌다. 동·서북면의 경우 태종 11년(1411)의 양전으로부터 평안도는 75년이 지난 성종 17년(1486)에, 함경도는 77년이 지난 성종 20년(1488)에 다시 행해졌다.

　16세기에 들어와 전국적인 양전은 중종 때 단 한 차례 행해졌을 뿐이다. 경기·충청도의 양전은 중종 8년(1513)에, 강원도의 양전은 중종 17년(1522)에 행해졌다. 전라도의 양전은 중종 19년(1524)에 순찰사 김극핍을 파견하여 개량케 하였는데, 당시 전라우도 25군현만 양전하여 성적하고 전라좌도 29군현은 이듬해 가을에 마무리되었다.[36] 황해도의 양전은 중종 19년(1524)에 착수해 중종 21년(1526)에 완료되었다.[37] 경상도의 양전은 중종 23년(1528)에 행해졌는데, 이때 정전(正田)은 개량하지 않고 다만 무너져 유실된 토지만을 양전하는 데 그쳤다. 함경도의 양전은 중종 37년(1542)에, 평안도의 양전은 중종 39년(1544)에 행해졌다. 즉 성종 때 양전으로부터 강원도는 46년 만에, 황해도는 55년 만에, 함경도는 53년 만에, 평안도는 58년 만에 각각 행해졌다. 평안도의 양전을 마지막으로 더 이상 양전을 실시했다는 기록은 찾기 어렵고, 다만 선조 10년(1603)에 양전을 명하였다가 곧 파한 기록이 있을 뿐이다.[38]

토지는 자연재해로 이전의 정전이 황무지로 바뀌기도 하고, 황무지가 개간되어 정전으로 바뀌기도 하였다.[39] 그런데 16세기에 들어와 오랫동안 양전이 행해지지 않음에 따라 새로 전지를 개간한 자가 세를 면제받는가 하면, 토지 소유자가 타인에게 토지를 팔았는데도 여전히 세를 내는 경우도 있었다.[40] 공물은 전결수를 기준으로 부과되었기 때문에 이를 정확히 파악하지 못한 상황에서는 민인들에게서 균평하게 부과할 수 없었다.

그러면 16세기에 들어와 오랫동안 양전이 제대로 시행되지 못했던 이유는 무엇일까? 이는 국가 지배력의 약화라든지 토지제도상의 변화와도 관계가 있겠지만,[41] 선조 7년(1574)에 유희춘이 중국의 상황을 빗대어 당시 조선의 상황을 간접적으로 비판한 말 가운데 "중국 송(宋) 고종 소흥(紹興) 무렵에 경계법(經界法, 양전과 같은 것)을 시행하여 경계가 바로잡히고 부세가 공평해졌는데도 유독 천주(泉

州)·장주(漳州)·정주(汀州) 세 주에는 미처 시행하지 못하고 중지되었다. 주자가 장주 태수가 되었을 적에 이 법을 시행하려고 하자 소민(小民)들은 원했지만 호우가(豪右家)들이 달갑게 여기지 않고 온갖 간사한 말로 방해하였다."[42]고 한 것에서 보듯이 문란한 토지제도 속에서 이익을 누리고 있던 호우가들의 방해가 작용하였기 때문이다. 양전의 논의가 있을 때마다 흉년 혹은 국가가 일이 많다는 등의 이유를 들어 그 시행을 반대한 것도 이 때문이다.[43]

그러나 양전이 행해진다 하더라도 양전 후 전적의 작성은 사회적 세력의 강약에 따라 좌우되는 실정이었다. 15세기 말 경상도의 경우 "제읍의 전적이 거의 모두 모람(冒濫)된 것이어서 혹은 10결을 10부로 삼기도 하고, 10부를 10속으로 삼기도 하여 먹칠을 해서 지운 것이 태반이다. 부강한 사람은 경작하는 토지가 비록 많더라도 전적에 등록된 것은 적고, 빈약한 사람은 경작하는 토지가 비록 적더라도 전적에 등록된 것은 많았다."[44]고 한 것은 이를 말해준다. 물론 경상도에서만 그리했던 것이 아니었음은 말할 나위도 없을 것이다.

양전을 담당한 관리들은 여러 전형(田形)이 있는데도 방전(方田)과 직전(直田)의 전형만으로 많은 전지를 두루 측량하되, 2~3번 혹은 7~8번을 하면서 분잡하게 현혹시키고 소요스럽게 하였고, 진황한 지 오래되었다 하더라도 수목이 숲을 이루지 않았으면 모두 정전으로 간주하여 한 군현의 전지가 2~3천 결 혹은 3~4천 결이 늘어나기도 하였다.[45]

16세기 양전의 기본 방침은 대체로 옛 전안에 올라있는 결총을 채우는 일이 고작이었다. 따라서 설사 개량을 하더라도 결코 옛 전안보다 개선될 여지가 거의 없었다.[46]

조선 전기 공납제의 운영

조선 전기에 양전사업을 통해 파악된 전결수는 다음과 같다. 태종 4년(1404)에 파악한 8도의 총 전결수는 93만여 결이었다. 『세지』의 간전결수(墾田結數) 통계를 보면 각도 총론의 결수는 약 163만 결이고, 각읍 통계의 결수는 약 171만 결로 집계되어 있다. 연산군 7년(1501)에 경기와 평안·함경도를 제외한 전결수는 1,032,070결이다. 중종 때의 결수는 강원·전라·평안도 결수만이 실록에서 찾아질 뿐이다. 강원도 결수는 33,884결, 전라도 결수는 430,788결, 평안도 결수는 162,563결로 되어 있다.[47]

2. 공물분정 기준의 변천

1) 호의 등급에 따른 분정

공물과 요역은 민호에 일률적으로 분정한 것이 아니라 호의 등급에 따라 분정하였다. 고려시대의 호등제는 전기 이래 인정의 다과에 따라 편성된 9등호제였으나 고려 말에 이르러 극히 짧은 기간에 3등호제가 시행된 적이 있었다.[48] 조선 초기 호등의 적용 대상을 살펴보면 다음과 같다.

〈표 2-2〉 조선 초기 호등의 적용 양상

구 분	적용 대상	전 거
3等戶	A—① 徭役 징발 ② 築城役 ③ 柴炭價 收布 ④ 濟州貢馬 分定 ⑤ 군량미 보충 ⑥ 楮貨 收贖 ⑦ 肉畜 번식 ⑧ 貢弓 분정 ⑨ 種桑株 배당 ⑩ 種桑株 배당	『태조실록』 권2, 원년 9월 임인조(1-31나) 『태조실록』 권6, 3년 7월 무오조(1-66다) 『태종실록』 권1, 원년 5월 신묘조(1-203다라) 『태종실록』 권16, 8년 9월 정사조(1-450다) 『태종실록』 권18, 9년 12월 계묘조(1-520가) 『태종실록』 권16, 11년 정월 갑술조(1-574다) 『세조실록』 권28, 8년 6월 병인조(7-538다) 『예종실록』 권6, 원년 6월 신사조(8-395나) 『성종실록』 권15, 3년 2월 무인조(8-636나) 『경국대전』 권6, 공전 재식조
4等戶	B—① 烟戶米 수납 ② 戶給屯田 종자	『태종실록』 권12, 6년 11월 계유조(1-379다) 『태종실록』 권17, 9년 정월 신유조(1-471라)

5等戶	C—① 戶楮貨 수취	『태종실록』 권30, 15년 7월 기유조(2-75라)
	② 錢文 收納	『세종실록』 권29, 7년 8월 병술조(2-689가)
	③ 徭役 징발	『세종실록』 권67, 17년 3월 무인조(3-617나)
	④ 貢物 분정	『세종실록』 권112, 28년 4월 정묘조(4-668라)
	⑤ 種桑株 배당	『세조실록』 권2, 원년 8월 무진조(7-83다)

3등호제는 〈표 2-2〉에서 보듯이 조선 초기에 들어와 요역징발, 개성 축성역, 시탄가 수포, 제주공마 분정, 군량미 보충, 저화수속 등에 각각 적용되었다. 그런데 태종 7년(1407)을 전후하여 국가에서는 경비를 조달하기 위해 연호미법뿐만 아니라 호급둔전법, 양맥세, 세저마포(細苧麻布)의 수취 등을 시행하였다.[49] 이 가운데 태종 6년(1406) 11월에 연호미법(B-①)과 동왕 9년(1409) 정월에 호급둔전법(B-②)을 시행할 때 4등호제가 적용되기도 했으나, 이후부터 4등호제가 나타나지 않는 것으로 보아 이는 5등호제로 전환해가는 과도적인 형태였다고 볼 수 있다. 그 후 태종 15년(1415) 7월에 호저화의 수취규정에도 5등호제가 적용되고 있다.[50] 5등호제는 이후 전문 수납(C-②), 요역 징발(C-③), 공물 분정(C-④), 종상주 배당(C-⑤) 등에도 각각 적용되었다.

5등호제가 실시된 이후에도 육축 번식(A-⑦), 공궁 분정(A-⑧), 종상주 배당(A-⑨, ⑩) 등에 3등호제가 적용된 사례가 확인된다. 종상주 배당의 경우 세조 원년(1455)에는 5등호제가, 『경국대전』에는 3등호가 적용되고 있다. 호등의 적용 대상은 과역의 내용과 지역 사정에 따라 달리하였음을 알 수 있다.[51]

이상에서 보듯이 조선 초기의 호등은 공물분정·요역징발뿐만 아니라 군량미 보충, 저화유통책, 육축 번식 장려, 종상주 배당 등 다양하게 적용되었다. 여기서 주목되는 것은 호등의 기준이 점차 인정에서 토지로 옮겨가고 있는 추세였다는 점이다. 당시 공물과 요역의 수취 기준을 정하는 것과 관련하여 관료들 사이에서는 오랫동안 논의가 진행되었는데, 그것은 그 기준을 인정에 둘 것인가 토지에 둘 것인가에 있었다.

고려시대에는 전기 이래 공물을 각호의 인정의 다과에 따라 분정하였으나 말기에 이르러 인정과 토지를 절충하여 분정하였다.[52] 그런데 조선건국 초창기인 태조 대에 계정법(計丁法)에 따랐던 것은 고려 말 왜구의 침입으로 연안의 토지가 황무지로 변해 토지를 대상으로 부과할 수 없었기 때문에 일시적으로 인정을 기준으로 한 것이다. 그 후 양전사업이 얼마간 진행됨에 따라 태조 7년(1398) 9월 각호에 부역을 차정할 때 인정과 토지를 병행하는 계정·계전 절충법을 시행하게 되었다.[53] 계전법의 병행은 토지를 많이 소유한 양반호에게 적지 않은 부담을 주었기 때문에[54] 이에 대한 반대론도 적지 않았다. 같은 해 12월 삼군부에서 직접 이에 반대하는 입장을 취한 것이라든지,[55] 정종 2년(1400) 10월에 좌정승 민제(閔霽)가 하륜이 계전법을 실시한다는 데 불만을 품고 병을 핑계하여 출사하지 않으면서까지 극력 반대한 것[56]은 이를 말해준다. 그 후 인정과 전지의 다소에 따라 요역을 차정하도록 교지를 내렸지만, 관리들은 여전히 인정수에 따라 차정하였다.[57]

그런데 세종 14년(1432) 12월 이조참판 김익정(金益精)의 계문에 의하면, 각 군현의 수령이 공물을 분정할 때 호구의 잔성과 소경전의 다과를 토대로 하는 경우도 있었다. 일부 지역에서는 수령이 이를 고려하지 않고 공물을 분정하거나 수령이 감고(監考) 등에게 수납을 위임하기 때문에 이들의 중간부정에 의한 수탈이 자행되어 민폐가 컸다고 한다. 김익정은 이러한 점을 우려하여 시정 방안으로서 충주목과 수원부의 예에 따라 호적과 전적을 토대로 호구의 대소와 소경전의 다과를 헤아려 문안에 기재한 뒤 이에 의거하여 공물을 분정할 것을 주장하였다.[58] 그가 이와 같은 주장을 제기한 배경은 여러 가지가 있겠지만, 무엇보다도 세종 14년(1432)에 『신찬팔도지리지』가 편찬됨에 따라 수취와 관련된 경내의 호구와 전결수의 파악이 가능해졌기 때문이라 짐작된다.

김익정의 주장이 제기된 지 3년 후인 세종 17년(1435) 3월 각도·각관의 호적에는 "50결 이상을 대호, 20결 이상을 중호, 10결 이상을 소호, 6결 이상을 잔호, 5결 이하를 잔잔호로 삼는 것을 정식(定式)으로 한다."[59]고 하여 소경전의 다과에 따른 5등호제의 원칙이 마련되었다. 이 원칙이 마련됨에 따라 요역은 이에 준거하여 경중에서는 가옥의 칸수에 따라, 외방에서는 소경전의 다과에 따라 차정하였다. 경중에서 가옥을 소유하지 못한 호와 외방에서 전토를 소유하지 못한 호는 호등의 편제에서 제외되었다.[60]

그런데 호등의 기준은 지역 사정에 따라 달리 적용되기도 하였다. 강원도의 경우 "땅은 좁고 전지가 적은데, 타도의 기준에 의거하여 차역(差役)을 배정한다면 역을 정함이 어려울 뿐만 아니라 수고로움과 편안함이 불균하다."고 하여 호등의 기준을 달리 적용하였다.[61]

세종 17년(1435)에 5등호제의 기준이 마련되면서 공물도 이 기준에 준거하여 분정한다는 원칙이 제정되었다.[62] 공납제 운영에서 수취의 기준을 토지에 두었다는 것은 개별 민호가 보유한 가족·노비의 노동력보다 사적인 소유지의 다과를 기준으로 삼는 방식으로서, 이는 농민들의 보편적인 토지 소유와 연작농업의 보편화라고 하는

농업생산력의 발전을 토대로 한 것이었다.[63]

당시 1가호의 토지 소유 및 영농 규모는 "10결 이상을 경작하는 자는 모두 부호(富豪)한 민이요, 토지 3~4결을 가진 자도 대체로 적다."[64]거나, 혹은 "소민(小民)의 전지는 불과 1~2결인 자가 많다."[65]고 한 것으로 보아 그다지 크지 않았던 것으로 보인다. 이에 대해서는 강원도의 호별 토지 소유의 현황을 통해 살펴보기로 한다.

〈표 2-3〉 세종 대 강원도의 호별 토지 소유의 현황[66]

구 분	元案에 의한 分等戶數		개정된 分等戶數	
	토지결수	호수(%)	토지결수	호수(%)
대 호	50결 이상	10(0.1)	20결 이상	81(0.7)
중 호	20결 이상	71(0.6)	10결 이상 19결 이하	1,641(14.2)
소 호	10결 이상	1,641(14.2)	6결 이상 9결 이하	2,043(17.7)
잔 호	6결 이상	2,043(17.7)	4결 이상 5결 이하	7,773(67.4)
잔잔호	5결 이하	7,773(67.4)	3결 이하	
計		11,538(100)		11,538(100)

강원도의 예에서 보듯이 10결 이상을 소유한 호는 14.9%를 차지하고 있는 반면에 5결 이하의 잔잔호는 67.4%를 차지하고 있다. 조선 전기 사회의 규정적 영농 형태는 대체로 1~2결을 소유한 소농민 경영이 주류를 이루고 있었다.[67]

국가에서는 모양과 크기가 천차만별한 전국의 전지 하나하나를 개별적으로 파악할 수 없는 일이었기 때문에 토지 파악의 기본 단위를 5결을 1자정으로 파악 운영하였다.[68] 작정제(作丁制)는 전묘(田畝)의 누락 방지와 납세에 대한 은닉을 검찰하는 데 있었다. 작정은 고려 말 조준의 20·15·10결의 3단위의 제안에 5결 1자정의 단위를 첨가하여 20·15·10·5결 등으로 묶고 천자문의 자호로 표기하였으나, 그 단위의 결수는 점차 축소되어 태종 5년(1405)에 실시된 양전부터 5결 1자정으로 단일화하였다.[69] 1자정은 지세나 지형, 전답의 분포 등 고을 형편에 따라 편의상 작정하였기 때문에 5결이 조금 넘거나 미달하기도 하였다.

5결 1자정은 양전뿐만 아니라 수취의 기초 단위로 기능하였다. 과전법 조문에 수조지 분급의 최소 단위가 5결이었고,[70] 전세에서도 5결 1자정 단위로 수취하였다.[71] 그리고 〈표 2-4〉에서 보듯이 각 호등마다의 기준에는 차이가 있었지만, 연호미법에서의 하호, 호급둔전에서의 잔호, 요역에서의 잔잔호에서의 분기점 역시 5결이었다.

〈표 2-4〉 각 호등마다의 분기점[72]

구분	대 호	중 호	소 호	잔 호	잔잔호
D-①	田 5결 이상 남녀 15口 이상	10결 이상 10구 이상	5결 이상 5구 이상		
D-②	20결 이상	10결 이상	5결 이상	4결 이하	
D-③	50결 이상	20결 이상	10결 이상	6결 이상	5결 이하

이외에 세종 때 경상도의 삼세수납법(三稅收納法)에서 "한전과 수전을 합하여 5결[旱田水田幷五結]"이라 한 것,[73] 세조 때 보법을 시행하면서 "전지 5결을 1정에 준한다[田五結 準一丁]"고 한 것,[74] 그리고 복호 규정에서 "전지 5결 이상인 자는 복호하지 않는다[田五結以上者 勿復]"라고 한 것[75]에서도 확인된다. 5결을 분기점으로 한 것은 작정제와도 관련이 있다고 본다.

당시 잔잔호가 5결이 분기점이었던 점으로 보아 공물분정에서도

5결 단위로 부과하였다고 생각된다. 공물을 분정할 때 5결 이상을 소유한 호(대호~잔호)는 하나의 자연호 단위로 파악하였겠지만, 5결 이하를 소유한 잔잔호의 경우에는 2가 혹은 3가 이상을 5결로 묶어 하나의 호로 파악하였을 것이라 생각된다. 태종 6년(1406) 연호미를 거두는 법을 정할 때 전 1~2결·남녀 1~2구는 불성호(不成戶)로 간주하여 3호를 합하여 1하호로 한 것이라든지,[76] 태종 15년(1415) 호저화의 수취에서 3결 이상의 잔호는 2호, 2결 이하의 잔잔호는 3호를 각각 묶어 하나로 파악한 것[77]은 이를 입증해 준다고 하겠다. 이러한 점에서 볼 때 5결 안에는 여러 호의 상이한 소경전이 포함되어 있었을 것이다.

5등호제에 준거하여 공물을 분정한 것은 대체적인 기준을 나타낸 것임이 틀림없지만, 각호의 공물부담액과 부과율을 구체적으로 규정해 놓은 것은 아니었다. 따라서 각 군현의 수령·향리들이 이러한 규정의 미비점을 이용하여 함부로 횡탈할 수 있는 여지가 그만큼 컸던 것이다.

세종 28년(1446) 정월에 헌의(獻議)하는 자들이 각 군현의 공안에 기재된 물건을 시가로 환산하여 소경전의 다소에 따라 차등하여 고루 나누어 장부에 기록해 두고 이에 의거하여 과렴(科斂)에 대조할 것을 건의하였을 때, 당시 영의정 황희는 "공물을 고루 정하는 것은 이미 미비된 규정이 아니고 육전(六典)에 기재되어 있는 바이니, 수령이 직책을 다한다면 자기 마음대로 할 수 없으므로 새로 번쇄한 법을 만들 필요가 없다."고 하였다. 우상 하연·좌참찬 이숙치·우참찬 정인지 등은 "각사에 바치는 공물의 수량은 본래 남고 모자람이 없는데, 수령이 임의로 분정하는 것은 민이 그 원래의 수량과

조선 전기 공납제의 운영

내용을 알지 못하기 때문에 부상대고와 결탁하여 방납한다. 이를 방지하기 위해서는 수령들로 하여금 본디 정해진 공물의 수량에서 민의 소경전을 헤아려 호마다 등급을 매겨서 상납물목의 증거문건을 준비하게 한다면 실효를 거둘 수 있다."[78]며 신법의 제정을 반대하였다.

이와 같이 5등호제에 따라 각호에 공물을 분정한다는 규정은 마련되어 있었지만, 단지 소경전의 다과에 따라 분정한다는 막연한 기준만이 있었을 뿐이다. 게다가 공물에는 여러 가지 잡다한 종류가 있었기 때문에 이를 호의 대소에 따라 분정한다 하더라도 균일한 기준을 세운다는 것은 매우 곤란하였다. 이것이 5등호제의 제도적인 미비점이자 커다란 결함이었다. 이러한 문제점을 해결하기 위해 시행한 것이 이른바 8결작공제였다.

2) 8결작공제의 실시와 운영 실태

(1) 8결작공제의 실시

성종 2년(1471) 3월 호조에 내린 요역의 차정 기준인 역민식에는 "모든 수세전에서는 8결마다 1명의 역부를 징발·사역하며, 역사의 규모가 커서 조발이 더 필요할 경우에는 6결에서 역부를 차출할 수 있다."고 규정되어 있다.[79] 이러한 역민식은 『경국대전』에 이르러 "전지 8결에 1부를 낸다[田八結出一夫]"고 법문화되었다.[80]

요역과 밀접한 관계를 지니고 있는 공물분정 역시 8결 단위로 운영되었다고 본다.[81] 이와 관련된 사례를 들면 다음과 같다.

E-① 신축년(선조 34, 1601)에 훈련도감에서 화기(火器)를 만들 때 관동지방에는 동 2천 근을 내도록 했다. 그 중 삼척에서는 20근을 냈는데, 8결당 1근씩 냈다(『척주지』하).[82]

E-② 성종대왕 만년에 손순효(孫舜孝)가 경기감사가 되었는데, 때마침 중국 사신이 오게 되어 오랫동안 머물까 걱정한 나머지 경기의 백성에게 물고기와 꿩을 많이 거두어 영접하는 데에 쓰려고 했다. 그런데 중국 사신이 빨리 돌아가니 고기가 쓸데가 없게 되어 날마다 단자를 써서 사옹원에 보내어 어선(御膳)으로 바쳤다. 장차 그것이 떨어지려고 하자 순효가 '내가 체임될 날이 가까웠으니 내가 있을 동안이나 봉공하리라' 생각하고 백성에게 다시 거두어 올렸다. 그런데 순효의 후임으로 온 자가 생각하기를, '손순효는 올렸는데 신이 어찌 감히 폐하랴?' 해서 드디어 구규(舊規)가 되었다. 지금에 와서는 고기 값이 점차 올라서 혹 4결로 고기 한 마리 값을 정하는데, 4결로 마련하기 어려워지자 8결로 정해 매 결당 2두씩 16두의 쌀을 모아야 한 마리의 고기를 살 수 있다(『重峰集』卷4, 擬上十六條疏;『한국문집총간』 54-210).

E-③ (연산군 때 제정된 공안은) 크고 작은 고을에 공물을 배정함이 고르지 못하고 조목을 세밀히 나누어 마치 쇠털처럼 번다하다. 한 조그만 물건을 서울로 올려 보낼 때에 인정(人情)과 작지(作紙)의 비용이 갑절 이상이나 든다. 삼명일방물(三名日方物) 가격이 범람함이 더욱 극도에 달해 가죽 1장의 값이 혹 면포 1동(同)이 넘기도 하였고, 그 나머지 세세한 물건도 모두 8결에서 마련한다(『重峰集』卷7, 論時弊疏;『한국문집총간』 54-280).

E-④ (충청도) 대읍에 사는 민들의 경우 본주의 전결수가 아주 많

은데도 공물은 소읍에 비해 겨우 1~2푼을 더 부담하는데, 대읍에 사는 민들은 8결에서 단지 5필만 낸다고 한다(『潛谷遺稿』 卷8, 請行本道大同狀;『한국문집총간』 86-152).

E-①은 선조 34년(1601)에 훈련도감에서 화기 제작에 필요한 동(銅)을 관동지방에서 2천 근을 거두었는데, 그 중 20근은 삼척에서 전 8결마다 1근씩을 거두었다고 한다.

E-②는 경기지방에서 진상물선을 무납(貿納)하는데, 진상하는 생선가를 4결마다 분정하게 되면 비납하기 어렵다고 하여 8결 단위로 분정하여 납부하고 있다.

E-③은 삼명일방물(왕탄일·정초·동지) 가죽 한 장의 값이 면포 1동(50필)을 넘기도 했지만, 그 나머지 세세한 물건은 모두 8결 단위로 분정하여 납부했음을 알 수 있다.

E-④는 김육이 충청도에서 대동법을 시행할 것을 계청한 내용이다. 그는 이 장계에서 대읍의 민은 본주의 전결수가 매우 많은데도 공물을 배정받는 것이 소읍에 비해 겨우 1~2푼을 더 부담하는데, 8결마다 면포 5필을 낸다고 하였다.[83]

위의 사례에서 보듯이 공물과 진상 분정은 8결 단위로 운영되었음을 알 수 있다. 8결작공제가 언제부터 시행되었는지는 단정할 수 없지만, 아마 역민식과 같은 시기인 성종 2년(1471)에 시행되었을 것으로 짐작된다.[84]

그러면 호등제에 따라 공물을 분정하던 방식에서 8결작공제를 실시한 원인은 무엇일까? 당시 각호에 대한 공물 분정은 호등제에 준거한다는 규정이 마련되어 있었지만, 단지 호등에 따른다는 막연한 기준만이 규정되어 있을 뿐이었다. 그러나 8결작공제는 호등제와는 달리 소경전에 대해 일정량의 공물부담액이 규정된 보다 구체적인 내용을 갖는 제도였다.

그것은 또한 방납의 전개와도 밀접한 관계를 가진다. 당초 각 군현에 분정한 공물은 임토작공에 따라 징수하는 것을 원칙으로 하였지만, 그 지역에서 생산되지 않는 공물과 준비하기 어려운 공물도 분정하였기 때문에 원래부터 방납의 소지가 있었다. 그런데 당시는 공물방납이 공인되지 않은 상태였기 때문에 공물을 납부하기 위해서는 미·포를 가지고 공물상품이 구비된 산지에 가서 구입하든지, 아니면 시장에서 구입하여 본색(本色)인 현물을 납부해야만 하였다.[85]

공물의 대가로서 미·포를 거두는 형태는 이미 세종 이후부터 일반화되고 있었다. 가령 "외방 각관의 공물이 실로 토산이 아닌 경우 농민들은 모두 미곡을 가지고 사다가 상납한다."[86]거나, 혹은 "제읍의 민호에 분정한 자리[席]를 민이 스스로 준비할 수 없어서 미·포를 거두어 안동에 가서 사서 납부한다."[87]고 하는 것은 이를 말해준다.

한편 농민의 입장에서는 공물 조달로 인해 농사에 커다란 지장이 초래되었던 상황에서 비납(備納)의 편의를 위해 자구책으로 가장 쉽게 채택할 수 있는 것이 대납이었다. 성종 8년(1477) 4월에 장령 이경동(李瓊仝)은 농민들이 부역에 동원되어 공물을 조달하는 데 따른 농업노동력의 부족 및 공물 구득상의 어려움 등으로 인해 농사에 커다란 지장이 야기되는 문제와 과도한 방납가 징수에 따른 부담이 농민층에게 가중되는 문제를 해소할 방도로서 다음과 같이 건의하고 있다.

공물의 법은 조종조 이래로 여러 번 고쳐 상정(詳定)하여 그 토지에서 생산되는 물산으로 그 주현의 공물로 삼고자 했으나, 지금에 보면 오히려 소산(所産)이 아닌 것이 상공(常貢)이 된 것도 있습니다. 하늘이 만물을 내는 데는 각각 그 마땅함이 있으나 그 형세가 또한 고르지 못한 것이 있습니다. 신의 어리석은 생각으로는 이미 이루어진 제도로 인하여 심히 민에게 폐해를 끼치지 않는 것은 오직 역사(役使)를 면제하는 것이라 여겨집니다. 대개 물명이 많아서 하나하나 민에게 배정하려고 하면 비록 소산일지라도 미처 응부(應副)할 수 없는데, 하물며 그 소산이 아닌 것이겠습니까? 이에 전전하며 구매하려는 자는 물건을 얻지 못할까 두려워하고 때를 타서 이(利)를 노리는 자는 앉아서 많은 값을 요구하니, 물산은 귀하고 곡식은 천하여 농민이 더욱 곤궁하게 됩니다. 여러 가지가 이와 같으니 민이 어찌 편히 살겠습니까? 만일 전묘(田畝)의 다과에 따라 그 물가의 귀천을 비교하여 바치는 것을 알아서 미리 저축에 대비하게 한다면 금년에 이렇게 하고 명년에도 그럴 것입니다. 비록 위험을 범하는 것이 영지이사(永之異蛇)[88] 같더라도 오히려 3대 동안 이익을 오로지함이 있는데, 하물며 용이한 것이겠습니까? 지금의 주현에서도 간혹 민간의 소원을 따라서 행하는 일이 있는데, 민간이 매우 다행으로 여깁니다. 이것을 두루 행하는 것이 어떠하겠습니까?(『성종실록』 권79, 8년 4월 경술조; 9-447라)

여기서는 일부 군현에서 농민들이 스스로 원하여 "전묘의 다과에 따라 그 물가의 귀천을 비교하여 바치는 것을 알아서 미리 저축에 대비하게 하는" 공납제를 운영해 본 결과 소기의 성과를 거둘 수 있었음을 들면서, 이를 확대 시행해 보자는 그의 건의는 당시의 공납제 운영의 추이를 일정하게 반영하였다.

그러면 국가는 왜 공물분정과 요역차정의 단위를 5결에서 8결로 운영하게 되었을까? 이러한 방식이 내려진 배경에 대한 구체적인 기사는 확인되지 않는다. 이에 대해 김종철은 공법 하의 양전사업 과정에서 전품을 과다하게 책정함에 따라 농민의 부담이 종전의 5결 단위로 운영되던 것보다 1.5배나 증가하였기 때문에 농민들의 반발을 고려하여 8결 단위로 운영하였을 것이라 하였고,[89] 강제훈은 6등 전품의 토지에 대한 산출을 미리 예측하여 20두의 조(租)를 낼 수 있는 면적의 전지를 1결로 결정한 것이 공법 양전의 특징이라는 점에 착안하여 역민식에서의 8결을 부담의 기준으로 정해 계산의 편이성과 부담의 일관성을 고려한 것이라 하였다.[90] 두 사람 모두 공법으로의 변화가 기준 결수의 변화와 깊은 관련이 있는 점에서는 의견이 일치하고 있다.

과전법에서의 5결 부담액과 공법하에서의 8결 부담액은 대단히 근사한 수치를 보여주고 있다.[91] 이같은 점에서 볼 때 공물분정과 요역차정이 과전법 하의 5결 단위에서 성종 2년(1472)에 8결 단위로 운용된 것은 농민의 부담이 종전보다 증가하게 되자 국가가 이를 견감해 주기 위한 조처였다고 이해된다.

(2) 8결작공의 운영 실태

그러면 8결작공은 어떻게 운영되었을까? 이에 대해서는 성종 6년

(1475) 7월 호조에서 아뢴 다음의 기사가 주목된다. 즉 1읍의 소경전의 수를 헤아려 '역민부(役民簿)'를 작성하여 출역(出役)은 반드시 이에 의거하되, 제읍의 수세전 내에서 전지 8결을 소유한 자는 1인의 역부를 내고 그렇지 못할 경우에는 8결 단위로 묶어 1인의 역부를 내도록 하고 있다.[92] 8결은 부근에 살고 있는 자들의 수전과 한전의 결수를 합한 것이었다.[93]

그런데 8결 안에는 소유권자가 상이한 소경전이 수개 이상 포함되어 있었으므로 각각의 토지에서 공물을 거둔다는 것은 현실적으로 불가능하였다. 이를 효과적으로 수행하기 위해 납공자 가운데 1명의 중간 대납자를 설정하여 그들로 하여금 수납케 하였는데,[94] 그 직무를 수행한 자는 농민들 중에서도 부호나 토호들로 선정된 호수(戶首)일 것이다.[95]

경기지방은 납세자가 조세미를 경창에 수납하도록 되어 있었는데, 성종 대 이후 1자정 5결 단위로 1통을 만들어서 공동으로 납부하도록 하는 통납제(統納制)가 실시되었다.[96] 그런데 연산군 2년(1496) 어세겸 등에 의하면 경기는 직전·공신전·각사위전인 까닭에 모두 5결로 작자(作字)하여 지급되었으므로 작자를 중히 여겼으나, 전라도에서 개량할 때는 5결로서 작자하지 않고 소경전의 다소로 파악하여 옛 전안에 표지를 붙여서 사용하기 때문에 소경전의 다소에 따라 1승(升)·1두(斗)까지라도 백성들에게서 고르게 거두어서 상세(常稅)로 삼고 있다고 하였다.[97] 5결 1통의 전세 납부 방식은 그 범위가 경기지역에 국한된 것이었지만, 공물·요역의 부과 방식이 8결 단위로 보편화된 제도였음을 알 수 있다.[98]

요역이 역민식으로 규정되어 8결 단위로 순환조발되었듯이 공물

또한 8결 단위로 윤회분정(輪回分定)되었던 것으로 보인다. 즉 공물은 각 군현에 부과될 때마다 8결 단위로 그 안에서 돌아가면서 거두었다.[99]

8결작공은 소경전의 결부에 따라 부과되었으므로 전결을 소유한 자라면 당연히 이를 납부해야만 하였다. 따라서 공물은 토지 소유의 규모에 따라 세액의 다소가 있을 뿐이고 표면상으로 부담의 불평등이 있을 수 없었다. 그러나 그것은 어디까지나 원칙적 규정에 불과하였고, 그 운영의 실제는 사회적 세력의 강약에 따라 좌우되는 실정이었다. 즉 호민은 전결이 많으면서도 공물의 부담이 적고, 소민은 전결이 적으면서 공물의 부담이 과중하였던 것이다.[100] 그리하여 세가가 부담해야 할 공물은 소농민에게 전가되는 실정이었다.

한편 8결 단위의 분정 또한 반드시 지켜진 것은 아니었으며, 이는 다음의 기사를 통해 유추해 볼 수 있다.

(삼척부는) 동쪽으로 큰 바다와 거리가 10리도 안 되고 서남쪽으로는 장곡(長谷) 사이로 비스듬히 들어가 있어 촌민이 그 중에 흩어져 사는 자가 샛별과 같다. ……지난해 가뭄과 장마의 재해는 금년과 비할 바가 아니다. ……재해의 피해는 영동 또한 그러한데 민생의 괴로움은 본부가 매우 심해 8결의 수가 50에도 차지 않아서 부역이 많음이 타읍에 배나 된다(『蒼石集』 卷5, 三陟陳弊疏; 『한국문집총간』 64-305~306).

삼척의 경우 8결이 50에도 차지 않아 삼척민의 부역이 타읍에 비해 배나 되었다는 내용이다. 토지결수가 8결에 차지 않을 때에는 그 규모를 축소하여 운영하기도 하였다. 이는 공물분정에서도 마찬가지였다.

명종 16년(1561) 2월 평창군수 양사언의 상소에 의하면, 평창군은 목조의 비향(妃鄕)이라 하여 군으로 승격되었을 때 전결이 800결, 민호가 500호에 달하였으나 그 후 사세가 바뀌어 백성들이 유리하여 예전 500호의 역을 40호가 담당하고, 전지가 날로 황폐해져 예전 800결에서 내던 공물을 100결에서 납부하여 종전에 8결 단위로 작공하던 것에서 현재 1결 단위로 작공하게 되었다고 한다.[101]

8결작공제는 소경전을 소유한 자라면 응당 일정량의 공물을 납부해야 했지만, 공물분정의 실상에 있어서는 군현 대소에 따른 지역적 불균형과 신분에 따른 불평등으로 인해 그 성과가 제한적일 수밖에 없었다. 이러한 폐단을 없애기 위해 일찍부터 공물이 소경전의 다소에 따라 균일하게 분정했는지의 여부를 조사 보고하도록 하는 조처를 내리기도 했지만,[102] 큰 성과를 거두지 못했던 것으로 보인다. 이에 대한 개선책으로 전결의 규모를 축소하여 8결 단위가 아닌 4결 단위로 운영하기도 하였다. 중종 19년(1524) 11월 장령 이환(李芄)이 아뢴 기사에 의하면, 요역은 '전8결출1부' 하는 것이 원칙인데 전일의 경기어사 황효헌이 '4결출1부'하여 요역이 배나 무거워졌다는 이유를 들어 이경(李耕)을 파직시킨 적이 있었다.[103] 물론 '4결출1부'는 이때 시작된 것이 아니라 이전부터 관행으로 여겨지고 있었다.[104]

그런데 역부를 차정할 때 그 단위가 작아질수록 전결을 많이 소유한 자들은 불리하였던 것으로 보인다. 가령 8결에서 역부를 차정할 때에는 1결을 가진 소농민이 7결을 가진 세가양반이 소유한 토지분의 요역까지 전담하는 경우도 있었지만,[105] 수취 규모가 작아지면 전결을 많이 소유한 세가양반들은 그만큼 많은 부담을 담당해야만 하였다. 진위현의 이민(吏民)들이 이경이 4결에서 출부하여 파직된 것에 대해 매우 애석하게 여겼다는 사실은 이를 반증해 주고 있다. 공물분정 역시 요역차정과 마찬가지였다고 이해된다. 세가양반·호강자들이 대동법을 결사적으로 반대한 것도[106] 이러한 연유에서 비롯된 것이라 하겠다.

제3장
공안·횡간 제정 전후의 국가재정 운영

1. 공안과 횡간

1) 공안의 수록 내용

　조선 전기 국가의 경비는 『경국대전』에 공안과 횡간에 의거하여 운용하는 것으로 명문화되어 있었다.[1] 공안에 대해서는 경상세를 주체로 하는 국가의 총세입표라고 보는 견해와 공물·진상 등 공부에 대한 장기세입표라고 보는 견해가 있다. 전자는 전세·공물·진상을 비롯하여 어세·염세·장인세·상업세·선세(船稅)·가기세(家基稅)·신세포(神稅布)·노비신공·요역 등 모든 종류의 경상세역이 수록되어 있다는 것이고,[2] 후자는 공물·진상 등 공부가 주체를 이루고 그밖에 전세조공물, 왜료에 사용되는 경상도 동남부 군현의 전세, 경기의 생·곡초, 각사선상노·각사장인·장악원 악공·기인 등의 신역, 무격세가 부록되어 있으나 전세·요역을 비롯한 많은 세역이 공안에 수록되어 있지 않았다.[3]

　이와 같이 공안에 수록된 내용이 각종 공물의 수납 액수만을 기록한 것인지, 아니면 공물을 비롯하여 모든 부세의 수입을 포함한 녹안(錄案)인지는 확실하지 않다. 실록에서 찾아지는 공안의 수록 내용을 살펴보면 다음과 같다.

〈표 3-1〉 공안 수록 내용

수록 내용	전 거
A-①各官貢案付貢物	『세종실록』권25, 6년 8월 계해(2-619가)
②各官貢案付各司輸納雜物	『세종실록』권111, 28년 정월 정해(4-651가)
③各官進上…各官貢案 詳定已久	『중종실록』권8, 4년 5월 기미(14-337다)
④慶尙道貢案付紬布	『태종실록』권4, 2년 9월 갑진(1-247가)
⑤(生穀草)貢案所載京畿諸邑輸納數	『성종실록』권4, 원년 4월 정사(8-485라)
⑥慶尙道倭料…貢案之數	『중종실록』권8, 4년 3월 갑인(14-320다)
⑦濟用監貢案(巫女·巫師·經師 등)	『세조실록』권34, 10년 12월 임진(7-662가)
⑧諸司奴婢之貢 曾已定數 錄于貢案	『성종실록』권1, 즉위년 12월 을묘(8-444가)
⑨本縣(扶安)貢案選上之數 只八名	『중종실록』권13, 6년 4월 정해(14-506다)

A-①, ②의 각관공안에는 각 군현에서 중앙각사에 납부한 공물이 수록되어 있는데, 『경지』·『세지』·사찬읍지의 일반 군현 항목에 수록되어 있는 공물 품목들이 이에 해당된다.

A-③의 각관공안에는 각관의 진상이 수록되어 있다. 진상의 종류는 물선진상·방물진상·제향진상·약재진상·응자진상·별례진상 등이 있었는데, 이 가운데 정기적인 진상이 공안에 수록되어 있었다.[4]

A-④의 경상도공안부주포는 경상도 주포전의 수세물인 주포를 지칭하는 것이다. 경상도 산군에서는 고려 시기부터 수송의 편의상 전세를 미곡 대신 세포로 수납하였는데, 이것은 전세조공물이었다.

A-⑤의 공안에는 경기 제읍에서 수납하는 생·곡초가 수록되어 있다. 경기 제읍의 농민은 타 지역과 달리 주로 우마 사료로 사용되는 생·곡초를 사복시·사재감·사축서·전생서·와요서·빙고·사포서·유우소·분예빈시 등에 납부하였다.[5] 여름철에는 생초를 납부하였고 겨울철에는 곡초를 납부하였다.[6] 생·곡초는 민호의 소경전에 따라 분정하였는데, 수전 1결과 한전 2결에 대해 곡초 4속(束)에 무게

40근, 생초 1동(同) 7속반에 무게 100근으로 사복시 이하 5사에 납부한 총액수는 156,489동이었다.[7]

A-⑥의 공안에 수록되어 있는 왜료는 세종 8년(1426) 삼포개항 이후부터 전세와는 별개의 명목으로 경상도 동남부에 위치한 35군현에서 징수하였다.[8] 그 용도는 대마도 및 일본 본토에서 오는 사객이 삼포에 머무르는 기간과 도해(渡海)시에 필요한 식량, 세사미(歲賜米)·공무가미(公貿價米) 등의 접대에 필요한 경비로 사용되었다. 공안에 수록되어 있는 왜료는 1만 5천여 석이었다.

그 밖에 A-⑦의 제용감공안에는 인정을 대상으로 하는 무녀·무사·경사 등의 수세액이 수록되어 있고, A-⑧과 A-⑨의 공안에는 제사에 바치는 노비신공과 각사에 선상하는 노비의 수가 수록되어 있다.

이상에서 살펴본 바와 같이 공안에는 공물·진상을 비롯하여 전세, 어세, 염세, 선세, 공장세, 공랑세, 행상노인세, 무격세, 노비신공, 선상노비, 각종 부역 등의 잡세가 수록되어 있음을 알 수 있다. 공안은 관질(官秩)에 따라 호조공안·각사공안·각도공안·각관공안이 있었다.[9]

2) 횡간의 수록 내용

공안과 표리 관계를 이루는 횡간에 대해서는 국가의 경상비를 포괄한 국가의 세출계획표라는 견해[10]와 공부 및 전세 일부만의 세출계획표라는 견해[11]가 있다. 후자의 주장 근거는 횡간에는 국가, 공공기관과 공역부담자에게 분급한 자경무세지(自耕無稅地)의 수입, 관료·공공부담자에게 분급한 각자수세지의 수입에 대한 지출규정, 요역

·군역·노비신공 등 사역 규정, 그리고 군사비, 교통수송비 및 임시
비용에 대한 규정이 없었기 때문이라고 한다. 실록에서 찾아지는 횡
간의 내용을 살펴보면 다음과 같다.

〈표 3-2〉 횡간 수록 내용

구분	내 용	전 거(실록)
B-① 王室 經費	㉠新詳定橫看內 諸宮及魂宮·魂堂內官衣纏月料 ㉡校橫看飯餉圖 ㉢橫看嘉禮條 ㉣內醫院釀酒米 橫看所載一百石 ㉤文昭殿器皿…椀及甫兒·鐘子等 依橫看 次次改造 ㉥行幸支應雜物 已於橫看詳定 ㊀上林園生梨·進上外 具錄所送處…多非橫看所錄 ㊁橫看所錄 名日例進物膳之半 ㊂橫看內各殿有名日供上可減之物 付標 ㊃今觀橫看 諸道進上有望前後焉 有無時別進焉 ㊄橫看貢案 凡所載供佛飯僧之物 ㊅供僧一事 在橫看 ㊆於詳定橫看 宗廟天鵝 二月·九月並薦 ㊇進上物膳 任土所産 載在橫看	세조 10년 2월 을미(7-609나) 세조 10년 7월 갑인(7-634라) 성종 6년 7월 을축(9-244다라) 중종 11년 8월 경신(15-209가) 명종 6년 6월 경진(20-28나) 세조 11년 7월 기사(7-695나) 세조 11년 12월 임진(7-716다) 세조 14년 2월 정유(8-160가) 성종 즉위 12월 정사(8-444나) 성종 원년 2월 신미(8-470다) 성종 8년 정월 임자(9-408라) 〃　　〃　　(8-410다) 성종 4년 12월 신유(9-76가) 성종 12년 4월 병인(10-207가)
B-② 國喪 葬禮	㉠新定橫看 則與文宗大王喪葬儀軌不同 請殯葬諸事 一准儀軌 自餘諸事 參用橫看 ㉡橫看內 祖宗朝宗宰之卒 一品則禮葬 二品則賻物有定數 ㉢致賻 橫看內相考 陳亡軍官米豆各五石 紙二十卷床一件 陳亡軍卒米豆各三石祭 床一件題給 ㉣造墓軍 例以當領水軍 依橫看之數定給	예종 즉위 9월 무진(8-271다) 연산 3년 10월 무자(13-290가) 명종 10년 8월 을유(20-295다) 명종 21년 9월 신해(21-119라)
B-③ 各司 經費	㉠臟贖 當橫看 以律員·錄事·書吏點心支用 ㉡橫看相考 則都摠府醫員·錄事·書吏 兵曹錄事·胥吏…漢城府書吏所食 皆用其司贖物 各道收贖 則以受敎分送兩界貿穀 似有區處之例	성종 9년 3월 갑술(9-566라) 명종 8년 정월 무술(20-109다)

B-④ 使臣 行次 및 接待	㉠赴京行次帶去人及人情盤纏雜物 一依橫看	성종 원년 6월 경신(8-510가)
	㉡新定橫看內 巨酋使人支待等數	세조 10년 7월 병인(7-636나)
	㉢橫看 客人供餉	성종 4년 10월 병술(9-69나)
	㉣橫看 客人宴享條	성종 4년 12월 계유(9-78가)
	㉤新定橫看內唐人賜給裹衣所用布 只用十一尺	〃 〃 (9-78가)
	㉥橫看式例之外 不曾有一毫之費…倭船粮料 多南道之穀 倭人之貿 虛費司贍之布	연산 6년 10월 무신(13-432라)
	㉦橫看內 有赴京使慕華館之宴	명종 12년 8월 을미(20-433나)
B-⑤ 祿俸	㉠新定橫看 四孟月頒祿	예종 즉위 9월 무인(8-277나)
	㉡祿俸橫看內 公主·翁主夫死 從夫職給祿 職田同	예종 원년 10월 임자(8-420라)
B-⑥ 救恤	㉠處女 年二十五歲以上者 其家計貧窮 不能備禮者 請依橫看 給米豆幷十石 以爲資裝	성종 3년 5월 계묘(8-656다)
	㉡橫看內 一日給壯者 米五合豆五合	성종 16년 8월 계묘(11-50가)
	㉢十六歲以上人所食 橫看每一時造米黃豆各五合	연산 9년 3월 기사(13-550가)
	㉣橫看內 一産三子婦女 給米豆各五石	예종 원년 6월 병인(8-389가)
B-⑦ 軍器	㉠橫看所定 (濟州)三邑軍鐵物	예종 원년 2월 갑인(8-334다)
	㉡橫看·貢案 所在角弓·長箭	예종 원년 2월 을묘(8-335나)
	㉢橫看付軍器造作匠人	성종 원년 2월 신해(8-462라)

　B-①의 횡간에는 왕실경비로 지출되는 제궁과 혼궁·혼당에 소속되어 봉사하는 내관들의 의전월료, 궁궐 각 관아에 종사하는 관리의 공궤와 사신연향에 제공하는 음식물명 및 물자수량, 왕실자녀 혼인시의 혼수품·수종 인원, 문소전의 제기 및 전물용기의 종류·수량·용량에 관한 것이 수록되어 있다. 그리고 진상횡간에는 종묘에 천신하는 고니[天鵝]의 수, 국왕 행행시에 지응하는 잡물, 상림원에서 수확한 배[生梨]의 분배 및 처리, 왕실 및 각전에 바치는 명일진상, 승려에 대한 공반에 관한 규정이 수록되어 있다.

　B-②의 횡간에는 국상에 소용되는 자재·인력 등의 제반경비와 양반관료·전몰한 군사의 장례비에 관한 규정이 수록되어 있다. 종재(宗宰) 사망시에 품관인 경우에는 예장(禮葬)을 해주었고, 2품관인

경우에는 일정한 부물(賻物)을 주었다. 부물은 조관(朝官)의 서거와 전몰장병에 대한 부전(賻典)의 물품인데, 군관에게는 미·두 각 5석, 종이 20권, 상(床) 1건을, 군졸에게는 미·두 각 3석, 제상(祭床) 1건을 지급하였다. 그리고 왕이나 왕족, 공신을 비롯한 고급관료가 사망하면 분묘조성에 조묘군이 동원되었는데, 종1품 관리인 경우에는 180명이, 정2품 판서인 경우에는 150명이 동원되었다.[12]

B-③의 횡간에는 각사경비의 일부로 충당된 장속(贓贖)의 처분이 수록되어 있다. 경중에서는 호조·의금부·병조·형조·사헌부·한성부에 보내 율원·녹사·서리·율학교수·훈도의 점심 비용으로 사용한 경비가, 외방에서는 호조의 지시에 따라 사용한 경비가 수록되어 있다.

B-④의 횡간에는 명에 파견하는 사행의 수종 인원과 노비 잡물, 거추의 사인에게 사급하는 제물자, 야인의 객인에게 내리는 물품 및 연향품, 중국인에게 사급하는 속옷에 드는 포 등과 부연사 일행에 대한 여비, 사신접대에 필요한 식량 및 이들을 위해 베푸는 회연비 등이 포함되어 있다.

B-⑤의 횡간에는 팽배·대졸의 녹봉 계산법을 정한 것과 공주·옹주의 남편이 사망했을 때 부의 직에 따라 녹봉을 지급한 것이 수록되어 있다.[13] 실록기사에는 나타나 있지 않지만 세종 20년(1438)에 입안한 녹과와 『경국대전』 권2, 호전 녹과조에 중앙의 백관에 대한 녹봉의 지급이 각 직급별로 상세하게 기록되어 있는 점으로 미루어 볼 때, 녹봉횡간에도 이같은 사실이 기록되어 있었다고 본다.

B-⑥의 횡간에는 사족 자녀 중 처녀 나이 25세 이상인 자로서 그 집이 빈한하여 결혼할 수 없는 자에게 미·두 10석을, 부령부 사

조선 전기 공납제의 운영

람 이창호의 여종 가야지(可也之)가 한 번에 3남을 낳았을 때 이 부녀에게 양육비로 미·두 각 5석을 지급한 내용이 수록되어 있다. 일반 진휼시 16세 이상의 장년에게는 한 끼마다 미·황두 각 5홉을 지급하였다.

B-⑦의 횡간에는 제주 3읍의 군기철물, 강릉의 각궁·장전을 조달하여 군기감에 납부해야 할 물품, 지방에 등록된 월과군기 조작을 위해 정역(定役)을 지는 장인이 수록되어 있다.

이상의 B-①~⑦에 의하면 횡간에는 왕실경비, 각사의 경비, 국상(國喪)에 소용된 제반경비, 명에 파견한 사신경비와 외국 사신접대에 필요한 경비, 관료의 녹봉, 구휼, 군기감에서 수취한 군기물 등이 수록되어 있다.

2. 횡간 제정 이전의 국가재정 운영

1) 경비식례 제정 이전의 재정 운영

조선 초기 국가의 세출은 왕실경비인 상공(上供), 국가의 제사·빈객접대·수렵의 비용·상황(喪荒) 등의 고유 업무 수행에 필요한 경상비, 천재(天災)·세황(歲荒) 등의 경비에 쓰이는 국용(國用), 문무관료에게 지급하는 녹봉, 군수용의 양곡을 비축하는 군자(軍資), 중앙과 지방에서 관곡을 비치하여 빈민에게 곡종과 식량을 대여하는 의창(義倉), 빈민의 질병을 치료하기 위해 설치한 혜민서·전약국의 의료비 등으로 지출되었다.[14]

조선왕조 건국 후 전곡의 출납과 회계에 관한 사무는 고려의 고사(故事)에 따라 삼사(三司)에서 관장하였고, 이에 대한 감찰은 사헌부 감찰이 매월 하였다.[15] 삼사에서 전곡을 지출할 때에는 문하부·삼사·중추원의 종2품 이상의 관리들의 합좌기구인 도평의사사의 명령을 받들어 집행하였다.[16] 도평의사사는 정종 2년(1400)에 해체되어 의정부와 삼군부로 분리되고, 그 후 태종 대의 개혁을 통해 도평의사사 중심의 체제는 의정부-육조-각사의 중심 체제로 바뀌었다.[17] 이에 따라 육조를 정2품 아문으로 승격시켜 재정·기밀·인사에 관한 업무를 담당하게 하였고, 의정부 서무의 일부를 각각 육조에 나누어 속하도록 하였다. 관아의 대부분이 직능에 따라 육조에 각각 소속되면서 태종 원년(1401)부터 삼사를 대신하여 출납업무는 사평부(司平府)에서 담당하였고,[18] 회계업무는 호조에서 담당하였다.[19] 당시 호조에서는 '호구(戶口)·공부(貢賦)·전량(田粮)·식화(食貨)'를 담당하였는데, 그 관아에는 판적사·회계사·경비사를 두었다.[20]

조선 초기에 중앙각사는 전곡의 수입과 지출을 개별적으로 운영하였기 때문에 관리의 부정이 자행될 수 있는 여지가 그만큼 많았다. 따라서 각사의 관리들은 혼자 부정을 저지르거나, 혹은 당해 각사의 노비와 공모하여 관물을 도용하거나 남용하는 경우도 적지 않았다.[21] 이에 대해 정도전은 일찍이 "전곡은 국가의 상비물인 동시에 민의 목숨을 좌우하는 것이므로, 이를 민에게서 수취하는데 법도가 없고 이를 쓰는 데 법도가 없으면 함부로 거두는 일이 많아져서 민생이 괴로워지고 낭비가 커져서 마침내 국가재정이 고갈된다."[22]고 하였다. 그리하여 국가는 관원들의 낭비와 관물도용을 사전에 예방하기 위해 여러 가지 조치를 강구하였던 것이다.

중앙각사의 수입과 지출은 각사에 전적으로 맡겨져 있었음으로 출납을 담당하는 사평부가 이를 일괄적으로 파악하기가 어려웠다. 이러한 문제를 해결하기 위해 태종 2년(1402) 정월에 전곡의 출납과 회계법을 제정하여 모든 창고의 출납은 제조(提調)로 하여금 관장하게 하고, 회계는 사평부에 보고하도록 하였다.[23] 또한 각 관아의 공해전에서 1년 동안 거두어들이는 수입량과 해당 관청에 출사하는 관원의 점심 및 붓·먹·종이 등의 비용으로 매월 지출되는 소출량을 사평부에 보고하도록 하였다.[24]

태종 9년(1409) 4월에는 각사에서 쓴 경비를 감사하여 손실된 전곡이 있을 때 이를 담당 관리에게서 징수하는 쇄권색(刷卷色)을 설치하였다.[25] 쇄권색은 관리들의 낭비를 경계할 목적으로 설치한 것이었는데, 관리들의 문자 착오라든지 쥐가 파먹은 것과 같은 부득이한 사유로 전곡이 손실되었을 때에도 이를 관리에게 추징하는 문제점이 발생하게 되자, 손실된 전곡의 추징은 쇄권색 설치 이후의 것에 한해 적용하기로 하였다.[26] 그러나 쇄권색에 대한 기록이 이후에 확인되지 않는 것으로 보아 한시적으로 운영된 기구라 생각된다.[27]

태종 17년(1417) 8월에는 금은·전곡을 출납할 때 경·외관들이 수결(手決)을 하지 않고 도장을 눌러 관의 문서를 위조하여 관물을 도용하는 것을 방지하기 위해 감합법(勘合法)을 도입하였다.[28] 이는 원부와 발송문서에 비표를 하고 계인(契印)을 찍어 문서의 진위 여부를 판단하는 데 이용되었다. 한편 전곡의 출납을 관장하는 각사의 관리를 비롯하여 아전·노비 등이 자의로 전곡을 증감하는 농간을 방지하기 위해 출납과 회계 장부인 중기(重記)에 기록하게 하였다.[29]

이상의 쇄권색·감합법·중기 등은 출납·회계에 관한 감찰 규정이었지 경비식례에 관한 규정이 아니었다. 감찰 규정은 조선 초기부터 마련되어 있었지만, 경비지출에 관한 규정이 없었기 때문에 수입과 경비의 지출 사이에는 적합성이 고려되어 있지 않았다. 세종 22년(1440) 8월 호조에서 의정부에 올린 기사에 의하면, 공물을 수취할 때는 매우 엄격한 데 비해 이를 지출할 때에는 헛되이 낭비되는 것이 허다하였음을 알 수 있다.[30]

이로 인해 각사의 제조에 쓰이는 자재가 동일한 것이라 하더라도 차이가 발생하였던 것이다. 세종 25년(1443) 12월 경비식례가 없는 각사의 경우 전일에 지출한 잡물 제작경비의 수량을 참고·시험한 것을 보면 다음과 같다.

〈표 3-3〉 경비식례가 없는 각사에서 지출한 잡물의 제작경비 비교[31]

시험한 물품의 종류		전일의 수량	시험결과	비 고
筒과 보자기[袱] 1건(泥金)		4돈 6푼	2돈 8푼	1.6배
大駕儀仗 1건	(貼金)	9,381장	3,758장	2.5배
	(貼銀)	1,724장	709장	2.4배
闕內와 各陵의 丁字閣 大朱簾(漆·朱紅)		1근 8냥	7냥 5돈	3.2배
朝會樂 建鼓 여러 緣具 1部(朱紅)		1근 9냥 6돈 6푼	5냥 1푼	5.12배
應鼓의 여러 緣具 1部(朱紅)		1근 15냥 2돈 5푼	1냥 3푼	20.6배
儺禮에 소용되는 大·中·小鏡 220개에 取色한 水銀		4냥	1돈 3푼	30.8배

위의 표에서 보듯이 식례가 없는 각사에서 사용한 잡물은 실제 경비보다 2~3배가 지출되었고, 많은 경우에는 수치상의 오류라 생각되지만 20~30배가 지출되었다. 그 외의 사라능단과 다른 지방의 희귀한 물건, 비단[紬紗]·저포·마포·면포, 가죽, 철물, 옻[全漆], 잡채(雜彩), 나무와 대로 만든 기명(器皿), 시탄(柴炭) 등도 마찬가지였다.

방만한 경비운영은 필연적으로 민인에게서 많은 공물을 거두어들이기 마련이었다. 세종 때 사재감의 소목(燒木), 의영고의 진유(眞油), 봉상시의 산삼·길경(桔梗)·황랍(黃蠟), 장흥고의 초석(草席), 군기감의 휴지(休紙) 등을 감면해 준 적이 있는데,[32] 이는 각사에서 경비를 절약해서 남은 것이 아니라 경비식례가 없음으로 인해 각사의 1년 경비를 과다하게 책정한 데서 비롯된 것이라 짐작된다.[33]

그리하여 일부 각사에서는 남은 물품을 민간에게 방매하기도 하였다. 예컨대 사재감의 어물, 인수부의 조미(糙米), 의영고의 진유(眞油)·해채(海菜)·꿀[淸蜜]·비자(榧子)·진자(榛子)·표고(蔈膏)·전복, 풍저창·군자감의 오래 묵은 미두·잡곡, 제용감의 모피(毛皮)·치자(梔子)·삼보초(三甫草), 선공감의 초완(草薍) 등을 들 수 있다.[34] 이들 각사에서 방매한 물품은 부패하기 쉽고 오래 저장할 수 없는 것들이었는데, 이들 각사는 물품을 방매하는 관청이 아니었다. 물품을 방매한 것은 공물을 과다하게 수취하였기 때문이라 생각된다.

2) 세종 대의 경비식례 제정과 재정 운영

중앙각사의 재정은 지방 군현에서의 공물수취, 국가에서 지급받은 각사위전의 분급 등을 재원으로 삼아 이를 독자적으로 관리·지출하는 경비자판(經費自辦)의 원칙 아래 운영하였다.[35]

군현에서 수취한 공물은 각사에서 소요되는 경비를 헤아려 책정한 것이기 때문에 홍수·한발 등의 자연재해로 인해 흉황을 당하더라도 전세와는 달리 감면되지 않는 일정부동의 원칙을 지니고 있었다. 그러나 전세는 고려 말의 전제개혁 이래 1/10조에 따라 1결당 30두라는 세액을 법제화하기는 하였지만, 당시의 농업생산력 아래서는 해마다 농사의 작황에 따라 이를 다시 조절해야만 했다.[36] 즉 전세는 답험손실에 의해서 결정되었기 때문에 흉년이 들어 작황의 재손(災損)이 발생할 시에는 전세의 감면이 불가피하였다. 이로 인해 전세수입은 풍흉에 따라 매년 다를 수밖에 없었다. 그런데 흉년으로 인해 각사에 바치는 전세가 원래의 수량에 차지 못할 때는 군자감에서 빌려와 충당하였기 때문에 군수(軍需)가 날로 줄어들었다.[37]

이러한 문제에 대해 세종은 당대의 제도를 수립하기 위한 시책의 하나로 이전부터 그가 구상해 온 공법을 시행하고자 동왕 9년(1427) 3월 인정전에서 실시된 문과에서 "전제(田制)는 해마다 조신(朝臣)을 뽑아서 제도에 나누어 보내어 손실을 답험하여 그 적중함을 얻기를 기하였는데, 간혹 사자(使者)로 간 사람이 왕의 뜻에 부합하지 않고 손실을 답험하는 일도 감정 여하에 따라 올리고 내림이 그들 손에 달리게 되면 백성이 그 해를 입을 것이니, 공법을 사용하여 좋지 못한 것을 고치려고 한다면 그 방법은 어떻게 해야 하겠는가"라는 문제를 책문으로 출제하여 시문(試問)하기도 하였다.[38]

세종 9년(1427)에 시작된 이에 대한 논의는 동왕 10년(1428)부터 집현전 학사들로 하여금 연구케 하였고,[39] 동왕 12년(1430) 8월에는 중앙관료 및 지방수령으로부터 8도의 품관과 촌민에 이르기까지 약 16만 명의 여론을 조사하였다.[40] 동왕 20년(1438) 7월에 이르러 경상·전라도의 일부 지역에서 공법이 실시되었지만, 전면적으로 실시되기까지는 여러 차례의 시행착오와 개정을 거친 끝에 동왕 26년(1444) 11월에 이르러 확정되었다. 전분6등과 연분9등에 의거한 새로운 수세법인 공법의 제정은 대세상 휴한농법의 극복이라는 농업생산력의 일정한 발전을 전제하고 종래의 인적 자의적 수세 관계를 보다 제도적인 수취 관계로 전환시킨 일종의 정액세법이었다.[41]

그런데 당시 각사의 경비는 세입·세출의 합리적인 체계가 마련되어 있지 않아 토지의 분급에서부터 수취·지출에 이르기까지 많은 문제점을 안고 있었다. 이러한 폐단을 시정하고자 국용전제로의 통합운영은 진작부터 요청되고 있었다.

국용전제 시행의 직접적인 이유는 종래 지방 각관에서 경중각사에 납부하던 일정한 수를 민호에 분정하여 수납하게 하고, 나머지는 지방관아의 국고에 들이게 하면 계산이 편리할 뿐만 아니라 민간의 미곡·밀랍·포화의 어렵고 쉬운 것과 고되고 헐한 것 역시 공평을 기할 수 있다는 취지에서 시행된 것이었다. 그 결과 종래 경중각사가 독자적으로 수조함에 따라 농민의 수납 물품 자체까지 난립되어 오던 번거로운 수취체제를 지양하고 토지 일반을 더욱 보편적인 국가수조지로 편성함으로써 국가재정의 일원화를 실현하게 됨은 물론 그에 따라 농민의 수납에서도 이제 크나큰 편의가 실현되기에 이르렀다.[42]

국용전제의 시행은 국가재정의 운영을 일원화하여 재정 출납에 있어 계산의 간편과 국가권력을 대행하고 있던 중간 수탈자의 농간을 배제하고 국가가 민인을 직접 상대하는 형태로 전환하여 민의 부담을 균평하게 하는 데도 있었지만, 새로운 수세법인 공법의 확정에 따라 재정운영의 일원화가 가능해졌다는 사실이 내재되어 있었다. 중앙각사의 세입·세출이 호조로 일원화하기에 이른 근저에는 고려말 조선 초 이래 농업생산력의 발전과 그에 따른 상공업의 발전이라는 사회경제상의 변화에 있었다.[43]

국용전제가 시행된 다음해인 세종 28년(1446) 정월에 의정부에서는 각사잡물의 출납에 관하여 호조의 보고를 기초로 하여 다음과 같이 받들어 올리고 있다.

세종 8년(1426)에 일부 각사의 경비식례가 제정되어 있었지만, 경비식례가 제정되어 있지 않은 각사에서는 여러 가지 공용(供用)하는 물품을 합당한 기준에 따라 지출한 것이 아니라 단지 장인의 말만 듣고 지출하였기 때문에 동일한 물품이라 하더라도 각사마다 비용을 달리하여 때로는 수배의 차이가 발생하였다. 이와 같이 경비식례가 없는 각사의 경우 지출이 일정하지 않자 세종 22년(1440) 5월에 이르러 이전에 제정된 식례의 유무를 막론하고 일체 고쳐서 상정(詳定)하여 시행하라 하였다. 동왕 25년(1443) 12월에는 식례를 상정한 각사 내에 일지출[日支]·월지출[月支]·연지출[歲支]과 무시로 연속적으로 제조한 물품, 선왕(先王)·선후(先后) 진전(眞前)의 전물(奠物)과 진상하는 찬구(饌俱) 및 대소연향에 수용(需用)되는 잡물과 주미(酒米), 봉상시·예빈시·내섬시가 관장하는 유(油)·밀(蜜)·과(菓)와 찬물(饌物)에 관계되는 것을 제외하고는 모두 종전의 식례에 따르도록 하되, 식례가 없는 각사는 전일에 사용한 잡물제작경비의 수량을 참고·시험하여 식례를 제정케 하였다. 이를 바탕으로 국용전제가 시행된 다음해인 세종 28년(1446) 정월에 이르러 각사의 공용물은 물품마다 시험하여 수량을 참작 결정하고, 또 1푼의 여유를 더 두어 결손나는 재료는 예비로 1푼을 가하여 각사·호조 및 가각고에 각각 나누어 보관케 해서 영구히 출납의 규식(規式)으로 삼게 하였다.[44]

그러나 당시의 경비식례는 모든 관사를 대상으로 한 것이 아니라 재정지출과 관련이 있는 43사(司)만을 대상으로 하였다.[45] 그리고 각사에서 사용하는 모든 경비를 대상으로 한 것이 아니라 공용 제조에 쓰이는 물품만을 대상으로 하였다. 그럼에도 각사의 경비식례 제정은 향후 횡간의 바탕이 되었다는 점에서 큰 의미를 갖는다고 하겠다.

3. 횡간 제정 이후의 국가재정 운영

1) 세조·성종 대의 재정 운영

세종 대에 일부 각사의 경비식례 제정을 비롯하여 적극적인 수입 증대 정책은 괄목할 만한 성과를 거두었지만, 문종·단종을 거쳐 세조 초에 이르러 국가의 재정지출이 급증하여 국고의 위축을 가져왔다. 이는 문종·단종 대의 왕권 약화를 틈타 납세자의 탈세 증가와 세조가 비상수단으로 정권을 장악하는 과정에서 협력한 세력에게 공신전과 사전(賜田)을 지급한 데서 비롯되었다.[46] 특히 불사의 영건에 필요한 물자와 사원의 경비를 마련하기 위한 방법으로 인납(引納)·별공가정(別貢加定) 등은 거의 통례처럼 되었다.[47]

세종을 이어 경비식례를 다시금 추진한 국왕은 세조였다. 세조는 강력한 왕권을 바탕으로 제도 전체의 차원에서 통일성을 높이려는 방향으로 추진되었다.[48] 세조는 동왕 2년(1456) 10월 호조에 내린 교지에서 호조와 상정소로 하여금 세종조에 제정된 일부 각사의 경비식례를 궁궐에서부터 제읍에 이르기까지 확대 제정할 것을 명하였다.[49] 여기서 주목되는 것은 전세뿐만 아니라 공납·군역 등에 대한 경비정식(經費定式)의 사정(査定) 실시가 점차 고정화·일정화 방향으로 전개되어 가고 있다는 점이다.

또한 석전제와 둑제의 음복연(飮福宴) 비용을 같은 액수로 정한 것이라든지,[50] 문묘 석전제 때 전물(奠物)을 진설하는 데 있어 중앙과 지방에서 같은 제도로 한 것에 따라 그 경비를 규정한 것[51]도 국가의례 시에 소요되는 국가의 경비가 일정화 방향으로 전개되어 가고 있음을 나타내고 있다.

세조는 곡물의 손실을 방지하기 위해 신·구물을 분간하여 저장하도록 제도화하였다. 당시 경외의 국고가 튼튼하지 못하여 물이 새어 습기가 차거나, 혹은 곳간이 좁아 중앙각사의 관리들이 신·구곡을 구분하지 않고 저장함으로 인해 곡식이 오래되지 않았는데도 구곡은 묵어서 썩게 되어 버리고 신곡만 사용하는 실정이었다. 이에 대해 세조는 신·구곡이 섞여 저장되어 오던 것을 분간 저장하도록 하였고, 다만 제향진상 외의 지출은 옛것을 사용하고 새것은 비축하도록 하였다.[52] 또한 신구수령의 교대 시에 당상관 수령에게도 공물의 납·미납의 해유를 제도화하였다.[53] 나아가 국가의 경비를 절감시키기 위해 관제개혁을 통해 불필요한 각사의 용관(冗官)을 도태시키기도 하였다.[54] 특히 경비남용의 폐단을 방지하기 위해 내외의 경비 용도의 수량을 상정케 하였다.[55]

세조는 관리들의 물품 낭비에 대해 철저히 점검하여 적발하게 하였다. 세조는 7년(1461) 9월에 도승지 김종순을 불러 이르기를, "세종조에는 황랍이 쓰이는 곳이 매우 많았으나 남는 것이 있었는데, 지금은 쓰이는 곳이 줄었는데도 도리어 부족한 것은 반드시 관리들이 함부로 썼기 때문이다."라고 한 뒤에 의금부로 하여금 의영고 관리를 잡아오게 하여 계양군 증(璔)·영천군 윤사로·호조판서 조석문·의금부제조 김순·병조참관 김국광 등에게 명하여 이를 국문하게 하였다. 또 내관 등을 의영고·공조·제용감·내자시·내섬시·인순부·인수부·예빈시·장흥고·풍저창에 보내어 금년에 쓴 중기를 가져오게 하여 동년 5월에 쓴 황랍의 수량을 상고한 결과 두세 냥이 부족하였다.[56] 세조는 이러한 원인은 바로 경비식례가 없어 관리들이 임의로 경비를 남용하였기 때문이라 간주하여 이에 대해 엄하게 징계할 것을 천명하였다.

경비회계를 위한 작업의 일환으로 제사(諸司)의 관리들이 전곡을 출납할 때에는 반드시 각사마다 중기 2건을 작성하여 1건은 각사에서 보관하였고, 다른 하나는 제사에서 10일마다 봉하여 호조에 보내어 회계에 대조하는 자료로 삼게 하였다.[57] 중기의 기록은 출납명령서에 의하고 호조에서는 발행한 출납명령서의 원본에 의거해 장부에 기록하게 하여 중기와 호조의 치부문서를 항상 일치하도록 하였다.[58] 이는 모든 각사에서 전곡출납을 관장하는 이노(吏奴)들이 자의로 증감하는 농간을 방지하려는 데 있었다. 그리하여 제사의 잡물 출납명령서에는 승정원첩자(承政院帖字)와 호조관자(戶曹關字)를 막론하고 반드시 3인의 관원이 서명하도록 하였다.[59]

중앙각사의 경비 용도 규제를 확립시키기 위해서는 무엇보다도 우선 그 관사에서 1년 동안 소요되는 물량과 수입을 정확히 파악할 필요가 있었다. 경비 남용의 방지와 경비출납에서 철저를 기하고 경비계산을 담당하는 산학중감(算學重監)의 태만 및 부정을 방지하기 위해 이를 좌우로 나누어 경외(京外)의 회계를 서로 교정하게 한 것[60]도 이러한 시책의 일환이었다. 세조 7년(1461) 7월에는 탁지사를 설치하여 호조판서 조석문으로 하여금 중외탁지사(中外度支使)를 총괄케 하였다.[61] 탁지사의 임무가 무엇이었는지는 확실하지 않지만,

아마 당시 현안 문제였던 중외의 식례횡간을 제정하는 사업을 총괄한 것이 아닌가 한다.

식례횡간의 제정은 제사의 관리들이 잡물을 지출할 때 단지 승정원첩자만을 상고함에 따라 발생하는 외람된 폐단을 제거하고 경비의 남용을 방지하려는 데에 있었다.[62] 세조는 하성위 정현조·호조판서 조석문·병조참판 김국광으로 하여금 경비를 상정하게 하였으나,[63] 상정소에서 식례횡간이 완성되지 않자 영순군 부(溥)와 정현조에게 연일 궁궐에 장번 숙직케 하여 그 업무를 독려하였다.[64] 또한 세조는 횡간 작성을 위해 친히 예산규모를 내려주기도 하였고,[65] 직접 교정을 가한 적도 한두 번이 아니었다.[66] 당시 업무의 지체와 계산 교정의 착오로 인해 처벌을 받거나 파면된 자가 수십 명에 달할 정도였다.[67] 세조의 열성적인 노력으로 마침내 동왕 10년(1464) 정월에 횡간이 일단 완성되었다.[68] 횡간의 제정은 지금까지 일정한 지출계획표 없이 관례에 따라 경비를 지출하던 것에서 벗어나 지출예산표에 따른 일정한 항식에 따라 경비를 지출하게 되었다는 점에서 큰 의미를 갖는다고 하겠다.[69]

당시 식례횡간의 상정·교정에는 다수의 관리가 동원되었는데,[70] 이에 깊이 관여한 자는 호조판서 조석문과 김국광이었다. 조석문은 호조에서 아뢴 차자에 그의 이름만 있으면 살피지 않았다고 할 정도로 세조의 신임을 받았다. 그는 재정에 대한 식견과 세조의 신임을 배경으로 세조 5년(1459)부터 12년(1466)까지 호조판서를 역임하였고,[71] 김국광은 제사(諸司)의 횡간을 상정할 때 추이(推移)와 증손(增損)이 모두 그의 손에서 나왔다고 할 정도로 법조문에 정통하였다.[72] 그런데 조석문·김국광 등에 의해 완성된 식례횡간은 너무

단시일에 이루어졌기 때문에 많은 문제점을 내포하고 있었다.[73]

세조는 영순군 부와 호조판서 김국광이 횡간 작성에 진력하지 않았던 것에 대해 엄히 문책하여 이들을 파직시켰다가 곧 복직시켰다.[74] 세조는 이를 개선하고자 상정한 횡간을 친히 열람하기도 하였고,[75] 수차례에 걸쳐 횡간의 틀린 곳을 개정하도록 명하기도 하였다.[76] 당시 형조참판 정난종과 좌부승지 어세공은 거의 매일 궁궐에 유숙하면서 횡간을 조사하는 일에 근신하였고, 세조는 횡간을 조사하여 착오가 있을 때에는 자신 앞에 나와 논의하라고 하였다.[77] 그러나 세조의 죽음으로 횡간의 문제점은 개정되지 못하였다.[78] 그 후 성종 때 세조조의 횡간을 토대로 하여 개정 작업에 착수하여 동왕 4년(1473) 9월에 이르러 횡간조작식(橫看造作式)이 완성되었고,[79] 다음해에 횡간식례(橫看式例)가 완성되었다.[80]

이때 완성된 횡간은 "이극증이 횡간을 만든 뒤부터 각사진상과 공궤가 지극히 외람되고 비루하게 되었다."[81]라고 한 바와 같이 국가 경비를 절감하는 방향으로 추진되었다.[82] 성종 4년(1473)에 야인의 사신 골간 올적합(骨看兀狄哈)의 지중추부사 유무징합(劉無澄哈) 등 27인에게 물건을 차등 있게 나누어 주었는데, 이들이 궤향(饋享)을 받고난 후에 전보다 지나치게 줄어든 것에 대해 물어왔을 때 통사들은 "새로운 식례가 이와 같이 되었다고 하거나 해사(該司)에서 잘못되었다."고 대답하였다.[83] 이에 대해 신숙주가 이와 같은 일은 나라의 체통과 관계되는 것이므로 신·구횡간을 참작하여 그대로 둘 것은 두고 줄일 만한 것은 줄일 것을 건의하자, 성종은 부득이 늘려야 할 물건을 자세히 기록하여 계문하라고 하였다.[84] 이는 당시 제정된 횡간이 경비를 너무 줄였기 때문에 발생한 것이었다. 이에 대해 신숙주는 새로 제정한 횡간 내에 경비를 지나치게 줄여서 중국 사람에게 사급한 속옷에 드는 베도 적합하지 않다고 하였다.[85]

이와 같이 외국과의 교섭에 공헌하는 예물과 사객의 접대 경비를 지나치게 줄여 새로 제정한 횡간에 따라 그대로 시행할 수가 없게 되자, 성종은 사객을 접대하는 데에는 우선 구례에 따르고 새로 제정한 횡간을 사용하지 말라고 하였다.[86] 새로 제정한 횡간은 경비를 지나치게 절약하였기 때문에 많은 문제가 발생하였을 뿐만 아니라 운영에서도 많은 곤란을 가져왔다.

한편 세조는 10년(1464) 2월 횡간이 일단 정비된 후에 이것과 조응하여 공안을 상정하고자 하였다. 세조는 그해 10월에 공안 개정을 위해 하동부원군 정인지·봉원부원군 정창손·영의정 신숙주·상당부원군 한명회·좌의정 구치관·우의정 황수신·호조참판 김국광·도승지 노사신을 도청(都廳)으로 삼고, 영중추부사 심회·밀산군 박충손·우찬성 박원형·판중추부사 성봉조·인산군 홍윤성·좌참찬 최항·형조판서 김질·판한성부사 이석형·예조판서 원효연·이조참판 홍응·우승지 이파·동부승지 윤필상 등을 12방(房)으로 나누어 각각 낭관 1원과 산학중감 1원을 거느리고 제도의 공물을 조사하여 상정하게 하였다.[87] 그런데 이때 상정한 공물을 재추로 하여금 교정케 한 결과 무게와 유무는 비교적 정교하였으나, 수륙의 산물을 모두 참고하여 상정하지 못해서 유무가 서로 바뀐 것이 많았다.[88]

원래 공부의 법은 1년 동안 용도의 출입수를 헤아려 상정하였다.[89] 그러나 공물은 종류가 매우 다양하였기 때문에 전 지역에 걸쳐 모든 산물의 조사와 중앙각사의 미세한 용도에 따라 이를 상정한다는 것은 실로 어려운 작업이었다. 뿐만 아니라 공물을 너무 적게 책정하면 국가의 용도가 부족하게 되고, 지나치게 많이 수취하면 민에게 큰 부담을 안겨주기 때문에 이들 양자의 조화를 이루는 것은 결코 쉬운 일이 아니었다.[90]

세조는 국가경비에 대한 제도가 미진함이 있으므로 이를 크게 바로잡지 않으면 성법(成法)이 될 수 없다고 여겨 다시 상정해서 정밀하게 다듬으려고 했으나, 그의 죽음으로 완성되지 못하였다.[91] 그 후 세조의 뜻을 이어받은 성종은 횡간과 조응하여 공안을 개정하게 되는데, 이때의 공안 역시 예전에 비해 삭감되었다. 연산조의 지사 이세좌에 의하면, 성종 대의 공안은 세종 대의 공안에 비해 1/3 밖에 되지 않는다고 할 정도로 대삭감이 이루어졌다.[92] 공안이 예전에 비해 크게 삭감됨에 따라 많은 문제점을 가져왔다.

성종 7년(1476) 5월에 대사헌 윤계겸 등은 교린·사대에 공헌하고 빈객을 대접하는 물품의 용도를 지나치게 절감하여 도저히 실행할 수 없어 구례에 따라 실시하기로 했지만, 구례에 따르게 되면 경비는 당연히 증대되므로 공물을 거두는 수량 또한 예전보다 증가되어야만 한다고 하였다. 이에 대해 정인지는 공안과 횡간을 때에 따라 알맞게 고쳐 시행하는 것이 편할 것이라고 하였다.[93] 성종은 호조에 전지하기를 "공안과 횡간은 실제로 맞지 않는 곳이 있으니 부득이 증감해야 할 일은 때에 임하여 임금에게 문의하고 시행하라"[94]고 하였다.

이와 같이 성종 대에 공안을 지나치게 삭감 책정함에 따라 제읍에서 매년 바치는 공물로는 경비의 태반이 부족하였다.[95] 그리하여 경비가 부족할 때에는 으레 인납·별공가정 등의 방법을 통해 조달하였다.[96] 이러한 경비의 부족을 해결하기 위해 누차에 걸쳐 공안

증액에 대한 논의가 있었지만 개정되지 않았고, 연산군 대에 이르러 다시 공안을 개정하자는 주장이 대두되었다.

2) 연산군 이후의 재정 운영

연산군 대에는 왕실의 경비지출이 이전에 비해 현저하게 증가되었다. 연산군 재위 중에는 조모 인수왕대비(덕종비), 종조모 인혜대비(예종 계비), 정현왕후(성종 계비) 외에 왕의 남녀 동생·군(君)이 15명, 옹주가 11명에 달하였다.[97] 경비는 각 능전과 군·옹주 등의 증가에 따라 늘어나기도 했지만, 이에 따른 사여와 계속되는 왕 자녀의 길례·저택 신축 등으로 인해 늘어나기도 하였다.[98]

일반적으로 왕 자녀의 혼인 시에는 국가재정의 일부를 혼수비용으로 충당하였는데,[99] 공노비는 장례원에서, 전지(田地)는 호조에서, 기용(器用)은 공조에서, 재백(財帛)은 제용감에서 각각 기한을 정하여 지급하였다.[100] 연산군은 휘순공주의 혼례 때 쌀 8,900석, 콩 100석, 비단 50필, 노비 60구를 하사하였다. 왕 자녀의 저택은 당초 국가에서 지어주었는데, 경비 소모가 많아지게 되자 국가가 값을 주어 짓도록 하였다.[101] 연산군은 휘순공주의 저택 신축시에 그 조성 장인에게 면포 350필을 주었고, 금표에 들어간 두 집을 보상하는 비용으로 면포와 정포를 합해 5,000필을 하사하였으며, 임희재 집과 윤필상 첩의 집을 하사하기도 하였다.

연산군 즉위 초의 정국은 불사의 설행, 외척의 중용, 재상 임명, 외람된 작상 등의 문제를 둘러싸고 주로 연산군과 삼사의 갈등이 야기되었다. 연산군과 삼사의 대립적인 정치 상황이 지속되는 가운데 발생한 사건이 무오사화(연산군 4, 1498)이다. 연산군은 무오사화를 주도적으로 처리하면서 정국의 주도권을 장악하였고, 이에 따라 삼사의 언관언론의 기능은 크게 위축되었다.[102] 그 후 연산군의 전제적 성향이 표출되고 난정(亂政)의 단초가 열리면서 종척·대신·척신가 등에게 하사하는 비용은 전대에 비해 증가하는 추세를 보이고 있었다. 연산군 때의 경비지출은 종척과 대신, 환시와 의관에게 규정된 부의(賻儀) 이외에 별사(別賜)가 매우 많았고, 척리가에 특사(特賜)하는 미두와 포물도 상당수에 달하였다.[103] 그 가운데 연산군 5년(1499) 8월부터 12년(1506) 7월까지 약 7년 동안 백모인 월산대군 부인에게 사급한 것을 보면, 미 1,000여 석, 두 315석, 정포 2,070필, 면포 2,820필에 달하였고, 그 외에도 양털로 짠 양탄자 10장, 비단 80필, 마포 250필, 밀가루 3석, 호초 6석, 참기름 3석, 청밀 2석, 황랍 20석, 유밀 1석, 노비 50구에 달하였다.

연산군은 사급에 소요되는 경비를 충당하기 위해 수시로 입내(入內)를 명하거나, 왕실 사고(私庫)인 내수사로 하여금 수납하도록 하였다. 내수사 직계제의 확립은 이를 제도적으로 뒷받침하는 것이었다.[104] 내수사의 재원만으로 이를 충당하기 어렵게 되자 호조를 비롯하여 각사로부터 물품을 왕실에 반입하여 쓰거나, 풍저창·광흥창·군자감 등으로부터 미곡을 끌어다 쓰기도 하였다.[105] 우리나라에 없는 사라능단과 서적·약재 따위는 명나라에서 수입하여 국용에 충당하였는데,[106] 무역물은 선왕 때보다 크게 증가하여 1년 동안 공무역으로 들어온 저포·마포의 총수가 3,700필(면포 18,600필)에 달할 정도였다.

이러한 경비는 호조횡간에 수록되어 있지 않은 별도의 용도로 지출된 것인데,[107] 주로 미두·면포·정포·유밀 따위로 지출되었다.[108]

연산군 4년(1498)에 횡간 외 별도의 용도로 지출된 물품은 미두 2,900여 석, 면포 3,600여 필, 정포 1,900여 필, 유밀 90여 석에 달하였고, 기타 소요 경비는 헤아리기 어려울 정도로 많았다. 왕 자녀의 길례와 저택 신축, 왕 자녀·종척·대신·척신가 등의 사급에는 막대한 비용이 소요되었으므로 항시 지출이 수입을 초과하는 형세였다.[109]

이처럼 국가의 재정지출이 공적 체계와는 달리 별도로 사적 체계에 의한 운용이 현저하게 증가함에 따라 국고는 날로 줄어들었다. 후대의 사론에서는 "성종조에도 왕 자녀가 많았으나 명목 없이 들어가는 것이 없었고, 모두 공정한 사급만 있었기 때문에 내고·외고의 저장이 풍족하였는데 연산조에 이르러 놀이가 방탕하고 사치가 절도가 없어 충만하던 저장이 없어졌다."고 지적하고 있다.[110]

연산군 3년(1497) 10월에 지사 이세좌는 "지금은 세조·성종 대보다 경비의 용도가 많이 늘어났기 때문에 각 능전에 써야 하는 시탄조차 마련하기 어려우므로 공안을 가감하여 상정해야 한다."고 하였다.[111] 그러나 신승선은 "위로 각 능침의 제사에 쓰이는 제물부터 아래로 군과 옹주의 혼인·저택에 이르기까지 또한 (경비를) 모두 절제 있게 쓴다면 공안을 반드시 고치지 않아도 국용이 자연히 넉넉해질 것"이라 하여 공안개정을 반대하였다.[112]

그러나 연산군을 비롯하여 경비를 담당한 호조에서는 무엇보다도 공안을 개정해야 한다고 하였고,[113] 첨정 정담(鄭譚)은 각사에서 공물이 부족할 때마다 으레 외방각관에서 가정(加定)하는 민폐를 해결하려면 공안에 추가로 기입할 것을 주장하였다.[114] 그리하여 연산군 7년(1501) 4월에 태평관에다 공안상정청(貢案詳定廳)을 설치하여 좌의정 성준·광원군 이극돈·호조판서 강귀손·공조참판 이계남 등에게 그 일을 감독 관장하게 하여 모든 경비와 공안을 상정하게 하였다.[115] 수차례에 걸쳐 논의된 결과 마침내 그 해 7월에 '상정청 가행조례(詳定廳可行條例)'가 결정됨으로써 공안 개정을 보게 되었는데, 이때 제정된 공안이 이른바 신유공안이다.

1. 제사(諸司)에서 쓰는 잡물 중 남는 것은 감해서 부족한 것을 채우고, 남는 것이 없어 보충할 수 없는 것은 그 양을 헤아려 가정한다. 1. 잡물의 용도가 비록 부족하더라도 민간에게 희귀한 물품이 되어 가벼이 가정할 수 없는 것은 사용처의 긴요 여부를 상고해서 감하고, 그 관사의 남은 물품으로써 대신 사용할 수 있는 것은 대신하고, 대신할 물품이 없으면 타사의 남는 물건으로써 대신 사용한다. 1. 진상과 제향 이외에 긴요하지 않은 곳에 쓰이는 물품이 부족하면 적당히 감한다. 1. 잡물을 추이할 때 전세와 공물이 서로 혼동되지 않게 보충한다. 1. 각사에 납부한 잡물 가운데 그 관사에서 쓰는 것이 아니면 그 잡물이 쓰이는 관사로 이송한다. 1. 비록 공안에 실려 있더라도 사용처가 없는 물품은 공안에서 삭제한다(『연산군일기』 권40, 7년 7월 갑자조; 13-446가나).

신유공안은 공안가정을 목적으로 작성되었다.[116] 그러나 공안 개정을 통해 국가재정이 대대적으로 확충되었는데도 국가재정의 만성적인 부족으로 인해 "상공(常貢) 외에 가정·인납이 없는 해가 없다."[117]라고 할 지경에 이르렀다. 연산군은 "성인이 다시 난다해도 반드시 경상(經常)의 법을 쫓을 수는 없을 것이며, 또 임시로 변통하는 일도 있는 것이니 각도에 가렴하도록 하라. 만약 부족하다면 또 가렴한들 무엇이 해롭겠는가."라고 할 정도로 가렴의 정당성을 주장하였다.[118] 그리하여 연산군 11년(1505) 9월에는 공물의 가정을 입법화하기에 이르렀다.[119] 그리고 연산군 대의 무시진상은 공물과 비교가 되지 않을 정도로 해마다 증액되었다. 연산군 대를 거치면서 왕실을 최정점으로 하는 낭비의 구조화로 인해 국가재정은 항상 만성적인 적자에 시달리게 되어 가정·인납 등의 형태가 거의 일상화되었다.[120]

한편 연산군 대의 정치를 비판하면서 등극한 중종은 즉위 초에 당대의 국가재정의 탕갈을 지적하면서 수레와 말[輿馬]·복식의 사치·찬품(饌品)의 극진함을 숭상한 폐단을 금단하는 규정을 여러 차례 반포하였다.[121] 중종 대의 이같은 사치를 억제하고 검소를 숭상하는 정책에도 불구하고 저택·찬품·복식·이엄(耳掩)·혼수·상장(喪葬)·기명(器皿) 등에서의 사치풍조는 더욱 심화되어 갔다.[122] 이러한 사치풍조는 성종 말엽부터 시작되어,[123] 16세기에 이르면 부마·왕자를 비롯하여 부상대고·이서층에 이르기까지 의복·혼수품 등에 사치가 확대되어 사회적으로 큰 문제가 되었다. 중종 대에 왕자와 부마가 등 왕실로부터 극도로 사치풍조가 만연하면서 군(君) 저택은 웅장하고 화려해 돌 1개를 운반하는 데에 인부 100명의 힘이 필요하였고,[124] 목재 1개의 값이 백성들 총재산 몇 몫에 달할 정도였다.[125] 특히 왕실의 혼례사치는 극도에 달해 그 비용이 3~4만필에 달하는 경우도 있었다.[126] 왕실의 혼수용품을 마련하기 위해 중국 사행길에 공무역과 밀매가 크게 일어나 중국에서도 야비하다 하여 '매호(賣胡)'란 칭호까지 붙일 정도였다.[127]

기묘사화(중종 14, 1519) 이후로는 모든 물품을 대내(大內)에 들이라는 명을 자주 내렸다.[128] 대내에서 쓰는 모든 물품은 조종조 이래 모두 승전(承傳)을 받들어 대내로 들였는데, 연산군 7년(1501) 이후 승전 대신에 간혹 감결(甘結, 상급관청에서 하급관청에 내리는 공문)을 쓰기 시작하던 것이 중종 이후부터는 모두 감결에 의해 대내로 들이는 것이 확정되었다.[129] 이처럼 연산군 대의 난정 때 만들어진 폐습이 제거되기는커녕 도리어 항구적인 관례로 강화되고 있는 형편이었다. 중종 25년(1530) 실록에는 그해 1월부터 2월 말까지 궁궐에서 사용한 각종 물품의 내역이 사론(史論)으로 밝혀져 있는데, 그 규모는 다음과 같다.

정월부터 이날(2월 30일)에 이르기까지 궁궐 안에서 사용한 물건 수량을 따져보니, 기름[油] 7석, 밀가루[眞末] 10석, 꿀[淸蜜] 10석, 솜 [緜子] 250근, 색실[色絲] 150근, 설탕[唐粉]·침향(沈香) 각 100근, 황밀(黃蜜) 200근, 단목(丹木) 400근, 여러 가지 과실 24석이며, 다른 물건도 많아서 모두 기록하기 어렵다(『중종실록』 권67, 25년 2월 경인조; 17-197라~198가).

이는 연산군의 폭정이 극에 달하기 이전의 같은 기간(1~2월)에 중앙각사로부터 거두어들인 물품과 비교한 것인데, 중종 대의 그것이 연산군 대와 별반 차이가 없음을 알 수 있다.[130] 중종 대의 국가 재정 역시 연산군 대의 그것과 비교해서 호전되었다고 보기는 어렵다. 이처럼 중종 대에도 대내의 비용이 번다하여 그 비용을 충당하기 위해 내수사 직계에 의한 재정 확충과 인납·무납과 같은 전대의

폐습이 되풀이되고 있었다.[131]

중종 대 재정의 위기 상황을 타개하기 위해서 기묘사림이 본격적으로 등장하는 중종 10년(1515)~14년(1519)까지는 국가재정의 긴축을 목표로 공신전·직전과 관료의 녹봉 감생으로부터 권설아문과 가설인원의 감소, 국가의 제사비용 억제, 군현수의 감소 등이 주로 논의되기도 했지만, 이러한 감생정책은 기묘사화를 계기로 한 훈구파의 공세로 좌절되고 말았다.

명종 대에 이르러 상황은 더욱 악화되었다. 특히 문정왕후의 생존기간 동안 재정지출은 더욱 심해지는 추세였다. 이에 따라 국가의 공적 재정은 더욱 황폐화되었으며 여기에 관료층과 중간 실무자층인 이서층이 결합하여 만들어내는 부패의 사슬은 만성적인 재정 부족을 초래하였고, 거기에 따라 인납은 항구적으로 더욱 심화되어 갔다.[132]

게다가 중종·명종 재위 수십 년간의 자연재해는 16세기 전반에 걸친 이상 현상임을 나타내주고 있다.[133] 연속적인 자연재해는 일과성의 것이 아니라 토지생산물에 의존하던 당시의 국가경제에 치명적 타격을 가할 수밖에 없었고, 환자[還上] 분급량의 증대와 미납 환자의 누적이라는 또 다른 문제를 야기하고 있었다. 이같은 요인이 결국 국고의 감소로 직결되었다.

연산군 이후 왕실의 과도한 지출로 인해 왕실 사고인 내수사의 재원만으로는 이를 충당하기 어렵게 되자 호조를 비롯하여 각사로부터 여러 종류의 물품을 왕실에 반입하기도 하였지만, 임시로 군자감에서 미곡을 빌려 보충하기 일쑤였다.[134] 이 때문에 16세기에 이르러 국가의 비축곡은 갈수록 줄어들었다. 그리하여 성종 대에 1백만

석에 달하던 것이[135] 중종 대에는 60만 석으로 감소되었고,[136] 명종 대에는 10만 석으로 대폭 감소되었다.[137]

명종·선조 대에 활동하였던 율곡 이이는 국가의 저축이 줄어드는 원인으로 ① 수입이 적고 지출이 많음[入寡出多], ② 맥나라 법도로 거둠[貉道收稅], ③ 제사가 번거로움[祭祀煩黷]을 들고 있다.[138] 즉 ① 조종조에서는 세입이 매우 많고 지출이 적었던 까닭에 1년이면 반드시 여분이 생겼으나, 지금은 1년의 수입이 1년의 지출을 감당하지도 못한다. 그 이유는 권설직이 날로 늘어나고 용관이 매우 많기 때문이다. ② 조종조에서는 전세를 자연재해에 따라 연분 9등으로 수세하였으나 지금은 1/30세율인 하지하로 상지상을 삼아 국가의 재용이 고갈되는 것은 당연하다. 이처럼 전세를 가볍게 하였기 때문에 국가재정이 조종조에 비해 1/3에도 미치지 않는다.[139] ③ 제사가 번독한 것은 종묘와 각능에 삭망제를 지내고 문소전과 연은전에 날마다 삼시제(三時祭)를 지내기 때문이라고 하였다.

율곡은 "근래에는 1년의 세입을 가지고 지출을 감당할 수 없으니, 매번 그 전에 저축해 둔 곡식으로 보태어 쓴다. 200년 역사의 나라가 지금 2년 먹을 식량조차 없으니, 나라가 나라꼴이 아니다. 어찌 한심하지 않은가? 지금 부세를 더 징수하고자 하나 민력이 이미 피폐해 버렸고, 이전대로 한다면 머지않아 반드시 국고가 바닥나고 말 것이다."[140]고 하였다. 율곡은 "변통에 당하여 변통하는 것이야말로 계술(繼述)"이라는 변법론 하에서 그 일차 대상으로 연산군 때 임사홍의 무리들이 만든 신유공안을 들어 개정할 것을 주장하였다.[141]

율곡은 현재의 공안은 연산군의 난정 때 크게 가정한 변칙적인 것이지만, 16세기의 사림정치기에 이르기까지 오랜 기간 동안 권간

조선 전기 공납제의 운영

들이 집권해 왔으므로 그 개혁을 시도할 수 없었다고 하였다. 공안을 산·불산, 족·부족의 문제로 집약시켜 해결하고자 하였던 일부 현사(賢士), 즉 기묘인을 비롯한 사림들의 뜻이 이루어지지 못한 채 오늘에 이르렀다고 파악하였다. 율곡은 당시의 공안 자체가 구조적으로 잘못 책정되어 있다고 하였다. 각 군현은 전지와 호구에서 상호 현격한 차이가 나는데도 공물은 거기에 비례하여 책정되지 않고 군현 등급의 높낮음으로써 경중으로 삼는다고 하였다.[142]

율곡은 "이익이 10배가 되지 않으면 옛 것을 고치지 않는다."[143]는 말을 인용하면서 공안을 개정하면 충분한 이익이 있다고 역설하였다. 율곡은 그 일을 잘 처리할 수가 있는 사람을 택하여 전문적으로 관장하게 하되, 대신으로 하여금 그를 통솔하게 함으로써 연산군 때에 가정된 분량을 모두 없애고 조종의 옛 법을 회복하고, 이를 근거로 각 군현의 물산의 유무와 전결의 다과 및 민호의 증감을 조사하여 새로운 공안을 작성하는 것보다 더 큰 일은 없다고 하였다.[144]

제4장
조선 전기 방납의 변천

1. 방납 금지법의 추이

방납은 원래 각 군현에서 중앙각사에 바치는 공물 가운데 민이 스스로 준비할 수 없는 것을 대신 바친 후에 그 값을 보상받는 의미로 쓰였다.[1] 방납은 이미 고려 시기부터 있어 왔다.[2] 조선시대에 들어와 방납에 관한 최초의 기사는 태종 9년(1409) 3월에 사헌부에서 올린 시무의 여러 조목 중에 나타난다. 그 내용은 대소인원과 동량승도들이 각 군현의 진성(陳省)을 받아 중앙각사에 바치는 공물을 스스로 준비해 먼저 납부하고 그 군현에 내려가 값을 배로 징수하여 백성들이 피해를 받게 되자, 사헌부에서 이를 금단할 것을 요청하고 있다.[3] 이 기사는 대소인원과 동량승도에 의해 방납이 국초부터 행해지고 있음을 보여준다.

대소인원은 위로는 종친, 아래로는 평민·공사천을 제외하고 문·무관을 비롯한 사족일반을 지칭한 자들이었다.[4] 이들 가운데 관직에 있는 자가 대납하였을 때에는 파출됨은 물론 이 행위를 장오죄(贓汚罪)로 논하여 종신토록 서용을 허락하지 않았다.[5] 동량승은 간사승(幹事僧)이라고도 칭하였는데, 이들은 사원의 건립, 불상의 조상(造像) 혹은 불전(佛典)의 간행 등을 주재 감독하였다.[6]

그런데 태종 9년(1409)에 방납 행위를 금단하는 조치에도 불구하고 이들의 방납 행위는 여전히 계속되었다. 이는 세종 2년(1420) 11월 예조에서 대소인원과 간사승들의 방납 금지를 재차 건의하고 있는 것에서도 확인된다.[7]

국가에서는 방납을 원칙상 금지하였지만, 세종 4년(1422) 윤12월에 방납 금지를 8도 관찰사에게 하유하면서도 민간이 스스로 준비할 수 없는 공물에 대해 자원 방납자가 있으면 민정(民情)의 편부(便否)를 사실대로 탐문하여 계문하도록 함으로써 방납의 여지를 남겨두었다.[8] 가령 정탄(正炭)·소목(燒木)·곡초(穀草) 등은 경기민의 공역(功役)에 의해 선공감 등에 비납(備納)하였는데, 감사·수령이 농사철에 급히 바치기를 독촉하여 농민들의 폐농을 가져오기도 하였다.[9] 목탄(木炭)·토목(吐木)은 궁실·각사뿐만 아니라 민인의 일상생활에 있어 필수적인 연료였지만 민인이 비납하기는 매우 어려웠다.[10] 이 때문에 국가에서는 민인이 스스로 준비할 수 없는 공물에 한해 간사승에게 대납을 허용하였는데, 그것은 선공감에 바치는 목탄과 와요에 바치는 토목이었다.[11]

조선왕조의 불교정책은 태조 이래 억불책에 따라 사원의 혁거(革去)와 사사전민(寺社田民), 승려에 대한 제한·통제가 강화되어 갔으나,[12] 세종 만년에 광평·평원대군과 왕비 소헌왕후의 연이은 죽음으로 인해 세종의 마음이 불교 쪽으로 많이 기울어지게 되었다.[13] 세종이 불교에 대한 독실한 신앙을 표방하면서 문종 원년(1451)에 이르기까지 진관사를 비롯하여 10여 개소에 달하는 사원이 영조·중수되었을 뿐만 아니라 불사도 상당히 활발하게 행해졌다.[14] 여기에 소요되는 비용이 막대하여 공안수입 만으로는 충당할 수 없게 되자, 공물을 인납하거나 가정하여 보충하기도 하였지만 그래도 여전히 부족한 실정이었다.[15] 이러한 문제를 해결하기 위한 수단으로 국가에서는 초둔(草芚) 등 일부 공물의 대납을 허용하였다.[16] 당시 대납은 진관사 간사승에게만 허용하였고, 여타 승려들의 대납은 금지하였다.[17]

하지만 공물대납의 허용은 이미 『속육전』단계부터 어느 정도 길을 열어두고 있었다. 『속육전』에는 공물대납가를 수령이 수량을 참작하여 받아들이고, 친히 감시하여 면대해서 준다는 규정이 수록되어 있다.[18] 『속육전』에서 대납을 허용한 품목은 정탄·소목·부등목(不等木)·토목(吐木)·광판목(廣板木)·성조목(成造木)·곡초·지둔(紙芚)·유밀(油蜜) 등이었는데,[19] 진관사 간사승에게 대납을 허용한 품목은 초둔과 전세지(田稅紙)였다.[20]

그런데 진관사 간사승이 각 군현에 직접 내려가서 대납가를 가혹하게 징수하는 폐단이 야기되자, 문종 즉위년(1450) 4월에 좌의정 황보인·우의정 남지 등은 "금년부터 진관사 간사승에게 허가한 대납을 금지하는 대신에 충청도의 녹전(祿轉) 잉여미 1,080석으로 진관사 조성비로 충당하게 하고, 비용이 부족할 시에는 전년도분의 대납가 미수분을 소재지의 수령이 수납하여 지급하되, 그래도 부족하면 국고미로 경비에 보충하자."는 대안을 제시하였지만, 문종은 "간사승의 대납을 금지하더라도 잡인이 청탁·대납하는 폐가 마찬가지일 것이므로 공처(公處)에서 대납하는 것이 나을 것"이라고 하였다.[21]

승려들의 침탈을 억제하기 위해 문종 즉위년(1450) 5월에 충청도 관찰사 권극화가 목탄·땔나무[薪木]·목재의 대납가를 정할 것을 아뢰었을 때, 이사철·이사순·김흔지·정이한 등은 "각도 각관의 원근에 따라 물가도 상이하기 때문에 이것을 확정한다는 것은 도리어 부당하다."는 이유를 들어 종전대로 하자는 견해를 제시한 반면에, 이계전·김문기 등은 "잡물의 대납가는 원래 정해져 있지 않기 때문에 대납하는 자가 갑절을 징수하는 폐단이 많으므로 의정부의 의논에 따라서 입법화하는 것이 편하다."고 하였다. 이에 대해 문종은 "육전에 수령이 친히 감독하여 수납하는 법을 거듭 밝혀서 시행하라."고 하였다.[22] 그리고 금후부터 대납한 승려들이 직접 각 군현에 가서 징수하는 것을 금지하고 소재지의 수령이 참작하여 대납가를 거두어서 선가(船價)를 주어 간사승에게 전해주도록 하되, 만약 금령을 어기고 대납할 때에는 대납가를 관에서 몰수하도록 하였다.[23]

그런데 대납가가 정해져 있지 않았기 때문에 자의성이 개재될 소지가 있기 마련이었다.[24] 소재지의 수령에게 대납가를 헤아려서 값을 거두게 한다 하더라도 승려들이 무리를 지어 촌락을 출입하며 방자하게 굴어도 감사와 수령은 이들을 봉명사신(奉命使臣)처럼 대우하였고, 대납가를 수납할 때에도 이에 복종하지 않을 경우에는 매질을 가해 그들이 원하는 대납가를 받은 다음에야 그만두는 실정이었다.[25]

이러한 폐해를 제거하기 위해 문종은 호조로 하여금 각 지방의 물가를 참작하여 상정(詳定)하게 하였다.[26] 그리하여 문종 즉위년 9월에 이르러 대납가를 결정하게 되었는데, 당시 대납가를 공식적으로 정한 품목은 민생에 긴요한 탄·부등목·토목이었다.[27]

조선 전기 공납제의 운영

貢物名	수량	대납가	
		풍년	흉년
炭	1 石	米 10斗	米 7斗
大不等木	1 條	30斗	22斗
中不等木	1 條	14斗 5升	17斗
小不等木	1 條	19斗	12斗
吐木	1 條	10斗	7斗

위에 규정된 대납가를 어겼을 경우 대납한 자를 즉시 추핵(推劾)하여 지나치게 징수한 대가(代價)의 쌀은 각기 그 주인에게 돌려주게 하였고, 실정을 알면서 금하지 않은 수령은 추핵하여 과죄토록 하였다.[28]

정탄·부등목·토목과 금은은 대납가가 정해져 있었기 때문에 방납인의 농간과 수탈에서 벗어날 수 있었지만, 날이 갈수록 희귀해지는 호피(虎皮)와 표피(豹皮)는 대납가가 정해져 있지 않아서 표피 1장의 값이 면포 60~70필에 달하기도 하였다.[29] 이에 대해 문종은 "각종 공물을 대납하는데 정가가 없기 때문에 이러한 폐단이 발생한다."고 하여 대납가를 정하자는 의견을 제시하였으나, 도승지 이계전(李季甸)은 "대납을 금하면서 또 그 값을 정한다면 이것은 사람들로 하여금 대납하게 하는 것이다."라는 이유를 들어 반대함에 따라 여타 품목의 대납가를 정하지 못하였다.[30] 대납가 징수에 대한 규정은 단지 승려들의 직접 징수 금지와 공인물자에 한해 대납가를 정한 것 뿐이었다.

공물대납의 관행에서 하나의 큰 전기가 마련되는 것은 세조 대이다. 세조 7년(1461) 정월 호조의 계문에 의하면, 공물대납은 공물부담자와 대납인과의 동의가 있을 경우에만 허용하였고, 대납가는 수령이 중간에서 조정하여 민호에서 값을 받아 대납자에게 지급하도록 하였다. 민이 희망하지 않는데도 억지로 대납하는 행위, 대납가를 정가 이상으로 징수하는 행위, 청부인이 관에 신고하지 않고 제멋대로 직접 민호에서 값을 거두는 행위는 금지하였다. 또한 『육전등록』에는 대납인이 공물상납을 마치고 필납문첩(畢納文牒)을 받아야만 대납가의 징수를 허용하였고, 필납 전에 값을 거두는 행위는 금지하였다.

그런데 공물대납은 이미 오래전부터 관행되어 오던 현상이었으므로, 『경진대전』[31] 호전의 대납 규정에 관계없이 그것은 수령이 권세를 부림으로 인해 많은 폐단을 자아내면서 농민들을 괴롭히는 것으로 지적되고 있었다.[32] 위의 호조의 계문은 다시 다음과 같은 사실로 이어지고 있다.

"법을 세움이 상밀하지 않은 것은 아니지만, 지금 수령들은 민간의 소원을 듣지도 아니하고 억지로 대납토록 하니, 대납인은 아직 공물을 바치지도 않고 먼저 그 값을 거둡니다. 이익을 좇는 사람이야 족히 따질 것이 못되지만, 수령으로서 세워놓은 법을 준수하지 않는 것은 심히 부당합니다. 청컨대 지금부터는 진성(陳省)에다 대납(代納)인지 자비(自備)인지를 갖추어 기록하여 한결같이 입법한대로 시행하도록 하되, 만약 자비라고 칭하고서 몰래 대납하거나 혹은 간청에 따라 법을 어기면서 작폐하는 경우는 사유(赦宥) 이전을 물론하고 즉시 파출(罷黜)하게 하소서." 하니, 임금이 그대로 따랐다(『세조실록』 권 23, 7년 정월 갑진조; 7-441가).

조선 전기 공납제의 운영

『속육전』 단계에서는 민이 스스로 준비할 수 없는 공물에 한해 부분적으로 대납을 허용하였으나, 세조 대에 이르러서는 민호에서 대납을 희망할 경우 전면적으로 허용하였다. 당시 대납은 경제활동의 관행으로 일반화되었기 때문에 국가에서도 이를 인정할 수밖에 없었을 것이다. 그렇다고 대납 허용이 자유로이 방임된 것은 아니었다. 그것은 『경진대전』의 규정에 대해 수령으로 하여금 납부하는 공물이 대납인지 자비인지를 진성에 기록하여 오로지 입법에 따라 시행하도록 하였고, 만약 수령이 자비를 빙자하여 몰래 대납하거나 혹은 간청에 따라 법을 어기면서 작폐하는 경우는 사유 이전을 물론하고 즉시 파출하게 하였다.

대납의 허용은 제읍의 공물 가운데 민인이 비납하기 어려운 것을 민인의 소원에 따라 대납케 하여 민이 재산을 침해당하지 않도록 하려는 데 있었다.[33] 그러나 수령이 대납자의 간청에 응하거나 혹은 위세를 두려워하여 민간에서 쉽게 마련할 수 있는 공물까지도 소원을 묻지 않고 문인(文引)을 내주어 실제로는 민인의 소원이 거의 고려되지 않았다.[34]

세조 대에 허용되었던 대납은 예종이 즉위하면서 전면적으로 금지되었다. 예종은 즉위년(1468) 10월에 승정원과 육조에 내린 전지에서 "앞으로 대납하는 자는 공신·종실을 막론하고 사형에 처하고 가산은 적몰한다. 비록 공사(公私)로 인한 범법자라도 마땅히 논죄할 것이다."[35]라는 조치를 내렸다. 예종 대에 대납이 전면적으로 금지된 배경은 알 수 없지만, 이는 도승지 권감(權瑊)이 아뢴 것을 받아들여 내린 조치였다.[36] 예종은 5일 후 법령을 위반한 지방관에 대해 극형에 처할 것을 반포하였다.[37]

그런데 문제는 금령 이전에 대납한 대가 징수가 아직 끝나지 않은 상황이었다. 이러한 문제를 해결하기 위해 이듬해 정월에 대납 금지 반포 이전의 대납가는 관에서 징수하여 지급하는 것을 인정하였다.[38] 대납 금단책이 반포된 지 3개월 후에 내려진 이러한 조치는 신법을 상당히 후퇴시켰다.[39] 이러한 금단책은 『경국대전』에 "공물을 대납한 자는 장(杖) 80대, 도(徒) 2년에 영구히 서용하지 아니한다."[40]는 규정으로 법제화되었다.

2. 방납의 원인과 전개

1) 방납의 원인

공물은 각 군현에서 생산되는 토산물을 분정하는 것을 원칙으로 했지만, 실제로 각 군현에 분정된 공물 가운데는 토산물뿐만 아니라 생산되지 않는 물품도 있었고, 공물로 제정될 당시에는 생산되었다고 하더라도 시일이 경과함에 따라 절산된 물품도 적지 않았다. 그러나 공물은 공안에 의거하여 부과하였기 때문에 당해 군현에서 생산되지 않는 공물이라 하더라도 일단 분정된 것은 납부하지 않으면 안 되었다. 이는 성종 대에 함길도 6진에서 초서피를 야인과 철물·우마로 무역하여 납부한 것이라든지,[41] 명종 원년(1545)에 전라도 해변 7읍에서 진상물인 사다새[鵜鴣]를 구하기 위해 매년 당해 군현의 민인으로부터 값을 거두어 평안도에 가서 구입해 납부한 예[42]에서 볼 수 있다. 이러한 것은 불산공물의 분정을 개정하지 않는 한 대납이 지속될 수밖에 없었다.

준비하기 어려운 공물[難備之物] 역시 마찬가지였다. 세조 8년(1462) 6월 제읍에 궁(弓)·전(箭) 등의 병기를 분정하였는데, 유수부·목·대도호부에는 우각궁(牛角弓)·녹각궁(鹿角弓)·목궁(木弓) 1장, 마전(磨箭) 4부, 피현(皮絃)·사현(紗絃) 40개, 도호부·지관(知官)에는 궁 5장·전 3부·현 30개, 현관(縣官)에는 궁 2장·전 2부·현 20개였다.[43] 그 후 성종 원년(1469)에 이르러 지방 군현을 10등급으로 나누어 다시 분정하였는데, 1등급 군현에는 각궁 300장·장전 27,000개·편전 18,000개, 10등급 군현에는 각궁 10장·장전 900개·편전 600개였다.[44]

이러한 물품들은 민호에서 쉽사리 생산할 수 있는 것이 아니었다. 이에 대해 대사헌 양성지는 5~6호마다 활 1개를 납부해야 했는데,[45] 하나의 활을 만드는 데는 3~4마리 소와 말의 힘줄[筋]이 필요하였다.[46] 더구나 뿔[角]을 얻기는 매우 어려웠는데도 수령은 민호에서 마련하지 못할 경우 포화(布貨)를 거두었고, 이것마저 변상하지 못했을 때에는 매질이 뒤따랐기 때문에 농민들은 전토를 팔아서 이를 납부하였다.[47]

사재감에 납부하는 선척(船隻) 역시 민호에서 감당하기 어려웠다. 선박 건조에는 많은 선재·공역·기술을 필요로 했기 때문에 민호의 대부분은 포곡(布穀)을 거두어 무역하여 납부하였는데, 그 가미(價米)는 무려 5~60석에 달하였다.[48] 각궁·선척과 같은 난비지물의 분정 역시 방납을 촉진하는 한 원인이 되었다.

방납이 확대된 원인은 불산공물·난비지물의 분정과 같은 구조적인 결함에 기인한 면도 있었지만, 무엇보다도 방납 활동에서 얻어지는 이득이 매우 많았기 때문이다. 이는 허안석(許安石)의 비첩 소생인 허계지(許繼智)가 방납을 통해 많은 이익을 얻어 수년이 안 되어 많은 자산을 모은 것에서도 확인할 수 있다.[49]

2) 방납의 전개

공물은 호조 및 중앙각사, 외방의 각도와 각관에 비치된 공안에 의거하여 대개 중앙각사→(각도 감사)→각관 수령→각호의 체계로 부과·징수하였다.[50] 각 군현의 수령은 공안에 의거하여 당해 군현에 부과된 공물을 징수한 다음 공리(貢吏)로 하여금 납부하게 하였다. 공리는 각 군현의 공물을 납부하는 향리였는데, 외사(外使)·공물외리(貢物外吏)·공물사(貢物使) 등이라고도 불렀다.[51]

당시 대부분의 공물은 조운을 통해 한양으로 운송하였다. 즉 경상·전라·충청·황해도의 연해군현의 공물은 서해안과 한강 하류를 통해, 경기·충청·강원도의 일부와 한강 상류의 연변군현의 공물은 남한강·북한강을 통해 각각 운송하였다.[52] 한강은 가장 중요한 경제 교통로였고, 서강·용산·두모포는 전국 각지의 물자가 모이는 요충지였다.[53] 이곳에는 중앙의 관아가 위치하고 있었는데, 서강에는 광흥강창·풍저강창·전함서 외사(外司)가, 용산에는 풍저강감·군자강감·선공강감·와서·귀후서가 있었다.[54]

공리는 상경한 후에 그 본읍의 경저(京邸)에 투숙하면서 경주인(京主人)[55]의 알선에 의해 지정된 각사에 공물을 납부하였다. 이를 납부하는 데는 적게는 수일에서 많게는 수십 일이 소요되었다.[56] 왜냐하면 한 각사에서는 각 군현에서 여러 개 내지 수십 개의 공물을 받았지만,[57] 한 군현에서는 여러 종류의 공물을 지정된 여러 각사에 납부하였기 때문이다.[58]

공리가 각사에 공물을 납부할 때에는 당해 군현의 수령이 발급한 진성을 첨부해야만 하였다.[59] 진성은 일종의 증명문건으로서 발급하는 관사에 따라 문서[狀]·인가장·증명서 등 종류가 다양했으나,[60] 공물진성은 세공(稅貢)의 수량과 바치는 관청의 이름, 출발 일시, 공리의 성명을 기록하여 호조에 바치는 공물 명세서였다.[61] 공리가 공물의 납입을 마치고 관사로부터 납부증명서인 준납첩(准納帖)을 받으면 그 책임을 다한 것이다.

중앙각사에 공리가 공물을 직접 납부하거나, 혹은 방납인이 납부하는 어느 경우를 막론하고 공물진성은 바치도록 되어 있었다. 진성발급은 전적으로 수령의 관장 하에 있었기 때문에 이를 획득하려면 수령과의 긴밀한 협조가 필요하였다.

최초로 합법적인 방납 활동을 허용받은 자는 전술한 바와 같이 불사와 관계있는 간사승이었다. 이들은 왕실·종실의 비호 아래 방납을 하였기 때문에 진성을 확보하는 데 유리한 입장에 있었다. 진성 발급의 요청에 수령이 응하지 않을 때에는 이들이 왕실·종실에 호소하여 수령을 파면시키기도 하였다. 가령 세종 32년(1450) 윤정월에 진관사 간사승 각돈(覺頓)이 전라도 여러 군현의 초둔을 대납하려고 그 지역에 갔을 때, 나주 등 30여 군현의 수령이 타인으로 하여금 대납하도록 하고 자신에게 대납을 허락하지 않자 귀경한 후에 이를 안평대군에게 호소하여 이들 군현의 수령을 일제히 파직시킨 사건[62]은 그 좋은 예라고 할 것이다.

진관사 간사승에게 대납이 허용된 품목은 전라도·황해도의 전세지와 초둔이었다. 당시 황해도의 대납가미가 어느 정도였는지는 알 수 없지만, 전라도에서 전세지와 초둔의 대납가미는 모두 1,150석에 달하였다.[63] 이들 품목을 대납하기 위해서는 당연히 이를 조달할 만한 재원이 필요하였다.

세종조의 불교 정비는 왕실과 관련된 사원을 중심으로 단행되었는데,[64] 수륙사(水陸社)를 세운 진관사도 그 중 하나였다. 당시 진관사의 전지는 원속전(元屬田) 60결과 가급전결수(加給田結數) 90결, 수륙위전(水陸位田) 100결을 포함하여 모두 250결이었다.[65] 특히 진관사 수륙사는 세종이 조종(祖宗)을 위해 조성한 곳이었으므로[66] 왕실에서 각종 특혜를 주었다. 예컨대 진관사를 중수할 때 국가에서 진관사 간사승인 각돈에게 방납 자금을 빌려주기도 하였고,[67] 미 400석과 면포 200필을 특별히 지급하기도 하였다.[68] 또한 경상도의 공포(貢布)·공세(貢稅) 수송권을 주기도 하였고,[69] 별요·귀후소·교서관에서 대납하던 토목·소목을 회수하여 진관사 중수비용으로 충당케 하기도 하였다.[70]

뿐만 아니라 국가기관이 경비를 충당하기 위해 방납을 하기도 하였다. 이러한 사례는 세조 8년(1462) 7월 충훈부와 간경도감에 공물 상납권을 지급하고 있는 데서 확인된다.[71] 이들 기관에서는 직접 방납에 참여한 것이 아니라 방납 판매권인 '납분(納分)'을 부상대고에게 주고 그 대신 대가를 징수하는 방법을 취하였다. 당시 방납 활동에 참여한 부상대고·사족·승도 등은 납분을 인수하기 위해 권세가나 왕실과 두터운 친분을 가진 승려 신미(信眉) 등에게 부탁하기도 하였다.[72]

공물은 각 군현 단위로 분정되었기 때문에 왕실·중앙각사에 대한 수송과 납부 책임은 수령에게 있었다. 특히 공물의 납·미납은 수령의 해유에도 매우 중요한 조건이었다. 따라서 수령이 공물을 포흠했을 시에는 현임은 물론이고 체임하여 벼슬을 받은 자까지도 모두 정직시켰고, 전함(前銜)인 자는 본향(本鄕)에 부처(付處)하되 그 중 심한 자는 직첩을 거두어서 외방에 부처하였다.[73] 그 후 『경국대전』

단계에 와서는 한 군현의 수령이 중앙의 6사 이상에 미납할 경우 파출토록 하였다.[74]

공물납부의 책임을 맡았던 수령은 자기의 책임을 모면하기 위해서 방납인과 결탁해서 공물을 납부하는 경우도 허다하였다. 가령 자기 군현의 향리·관노로 하여금 공공연히 방납을 하게 하거나[75] 뇌물을 받고 방납을 허용하기도 하였고,[76] 때로는 부상대고와 결탁하여 공물을 방납하고 이익을 나누기도 하였다.[77]

특히 권세가와 부상대고의 방납 활동은 매우 활발하였다.[78] 권세가들은 그들의 노복을 상업에 종사케 하거나[79] 장리(長利)를 하여 영리를 도모하기도 하였지만,[80] 방납에 직·간접적으로 관여하기도 하였다. 그들은 수령보다 상위의 관직에 있었기 때문에 권세를 이용하여 수령에게 강청해서 진성을 쉽게 입수할 수 있었다. 이는 세종 6년(1432) 4월에 우사간 유계문이 문화현령 왕효건에게 청탁하여 그 고을의 공탄진성(貢炭陳省)을 받아 대납한 후 대납가를 과중하게 거둔 일로 인해 사헌부의 탄핵을 받아 파면된 사건이라든지,[81] 같은 해 5월 전봉례(前奉禮) 유지(柳地)가 권세를 믿고 왕효건에게 청탁하여 문화현의 공칠(貢柒)을 대납한 사건[82]을 통해 알 수 있다.

당시 대소의 사가에서 각 군현의 공물을 공공연히 방납을 해도 사림들은 이를 허물로 삼지 않았다.[83] 이에 대해 세종은 "우리나라의 사대부는 이미 노비가 있고, 또 토지를 받고 있어 살림이 넉넉지 못하다고 할 수 없다. 비록 놀고 있다 할지라도 부모봉양과 처자양육을 해 나갈 수 있다. 더구나 현직에 있는 사람은 녹봉을 받고 있는데도 오히려 부족하다며 수령에게 요청하여 공물을 대납하고 배로 민에게 받아들이니 공상(工商)과 다를 바 없다. 그런데 태연스럽게 부끄러워할 줄을 모르고 있으니 매우 절조가 없는 일이다."고 하면서 이제부터 수령이 시·산직(時散職) 각품의 청탁을 들어주어 공물을 바치게 한 자에 대해서는 교지를 따르지 아니한 죄로 처단하고, 마음대로 대납한 자에 대해서는 장물죄로 처단하고 다시는 등용하지 말라는 엄한 조치를 내렸다.[84]

이와 같은 금지 조처에도 불구하고 이듬해 정월에 작고한 전서 강유(姜濡)의 처 선씨(宣氏)가 좌대언 김종서에게 의뢰하여 수원부에서 풍저창에 납부하는 초문을 대납하려다 발각되었고,[85] 같은 해 4월 좌명공신 우의정 조연(趙涓)의 아들 동지총제 조모(趙慕)가 지이천현사 김훤(金暄)에게 간청하여 초문을 대납했다가 탄핵을 받는 사건[86]이 발생하였다.

수령이 방납을 일절 허락하지 않는다면 그 폐단을 없앨 수 있겠지만, 권세가의 간청에 이끌려 방납을 금하지 못하는 실정이었다.[87] 권세가가 감사·수령에게 간청하면 그들은 토산물이라 하더라도 불산이라고 하여 방납을 허용하였다.[88]

권세가들은 직접 방납에 개입하기도 했지만, 부상대고와 결탁하여 방납하는 경우가 많았다.[89] 성종 대의 재상 윤은로는 자기 노(奴)로 하여금 제읍에 서간을 보내거나 뇌물을 주고 직접 방납하거나[90] 부상대고와 결탁하여 방납을 하였는데,[91] 그가 방납한 물품은 선척·어물 등이었다.[92]

방납에 참여한 부상대고들은 주로 한성부와 개성부에서 활동하고 있었다.[93] 이들의 방납 행위는 이미 고려 시기부터 있어 왔다.[94] 농본주의에 입각하여 국가통치가 행해지고 있던 조선왕조에서는 상업을 말류(末流)·말작(末作)이라는 인식을 바탕으로 상인과 그들의 활동을 엄격히 통제하였다.[95] 국가는 그 통제책의 일환으로 노인 (路引)이라는 일종의 원거리 통행 허가증을 발급하여 가능한 한 상업활동을 억제하려고 하였고, 중국·일본과의 대외무역에서도 자유로운 상행위를 규제하고 있었다.[96] 따라서 이들이 합법적인 테두리 내에서 부를 축적하기는 실로 어려운 상황이었다.

부상대고들은 재력을 바탕으로 수령·각사이노에게 방납에 필요한 자금을 융통해 주거나, 혹은 지방관을 움직일 수 있는 권세가·승도·각사이노 등과 결탁하여 방납에 종사하였다.[97] 예를 들면 세종 4년(1422) 윤12월에 부상대고 반석로(潘石老)는 경기 농민이 사복시에 납부하는 곡초를 마음대로 점퇴(點退)한 후 사사로이 준비한 곡초로 대납하고 백성들에게 대납가를 갑절이나 거두어들인 일이 발각되어 관노가 되었는데,[98] 여기서 반석로가 점퇴할 수 있었던 것도 재력을 바탕으로 사복시 이노와 결탁하였기에 가능하였다고 하겠다.

부상대고의 활동은 세조 대에 이르러 대납이 공인됨에 따라 현저하게 나타난다. 양성지는 국가재정에서 공물이 전체의 60%를 차지하는데, 공물은 거의 대납에 의한 것이며 그 대납의 대부분이 부상대고에 의해 납입되고 있는 실정이라고 하였다.[99] 이는 당시 부상대고가 국가재정에서 공물의 유통 부문 중 상당 부분을 담당하였음을 말해준다. 이러한 사실에 대해 양성지는 "민인의 부담으로 감당할 수 없는 공물에 한해 그 소원에 따라 호조에 전전(轉傳)하고 (부상)대고로 하여금 납입하게 하여 대납을 허락할 것"을 건의하기도 하였다.[100] 이것이 비록 채택되지는 않았지만, 그의 구상은 경성·개성에서의 부상대고의 활약이 현저하여 공물유통에 있어 상당 부문이 그들의 수중으로 옮겨가고 있는 실정을 반영한 것으로 이해된다.

세조 대에 대납을 허용한 취지는 '있는 것과 없는 것을 서로 돕게 [有無相資]' 하여 공사(公私)에 적절하고 편리하게 하려는 데 있었지만, 부상대고가 권세가 및 승도와 결탁하여 수령에게 압력을 가하면 수령이 그 위세를 두려워하여 대납을 허용하는 것이 일반적이었다.[101] 수령은 권세가의 위세를 두려워하여 백성들이 쉽게 준비할 수 있는 물품까지도 강제로 문권(文券)을 만들어 권세가와 결탁한 부상대고에게 대납을 허용하면, 부상대고는 관의 세력을 빙자해 거리를 횡행하면서 직접 대납가를 징수하여 그 폐해가 막심하였다.[102] 뿐만 아니라 회환곡(回換穀)을 징수할 때에도 관가에 의탁하여 독징하기도 하였다.[103]

부상대고들이 취급한 물품은 자질구레한 청초(靑草)에서부터 전세미포(田稅米布)에 이르기까지 실로 다양하였다.[104] 그 외에 각호의 미납공세(未納貢稅),[105] 노비신공[106]도 대납하였다. 부상대고 중에는 특히 방납 활동을 통해 상당한 부를 축적하여 호사스런 생활을 과시하는 자도 적지 않았다.[107]

한편 공리가 공물을 각사에 납부할 때 최종적 관문은 그가 가지고 온 공물과 수령이 발급한 공물명세서인 진성을 각사의 관원이 대조, 점검하는 간품(看品)이었다. 그러나 각사 관원의 간품은 형식에 불과하였고, 실제 그 실무는 각사의 이노에게 맡겨져 있었다.[108]

여기서 각사의 리는 동반 경아전인 서리(胥吏)를 지칭하는 자들이었다. 이들이 담당하였던 주요 직무는 '도필지임(刀筆之任)'의 범주에 드는 전곡의 출납을 비롯해 공문서의 작성·접수와 전달, 보관 및 관리, 각종 기록의 등사, 그리고 연락·보고의 사무 등이었다.[109] 이들은 당해 군현의 공리가 가져온 조세·공물·진상물의 수납을 담당하였다. 그리고 각사의 노는 제사노비(諸司奴婢)·공처노비(公處奴婢)라고도 하였는데, 이들은 각사의 차비노(差備奴)와 근수노(根隨奴)였다.[110] 『경국대전』에 각사 차비노는 매번 형조가 먼저 경거노(京居奴)의 다과를 헤아려 선상(選上)을 정한다고 한 것으로 보아,[111] 각사노의 입역은 본래 경거노가 담당하였고 외거노의 선상은 경거노의 부족을 보충하는 부차적 입역이었다.[112] 경거노는 각사의 긴요한 직책에 사역되었고, 성상(城上)·직방(直房)·별감(別監)·사령(使令)·고직(庫直) 등을 담당하였다. 각사이노는 그 실무를 빙자하여 일찍부터 방납을 통해 이익을 도모하기도 하였다. 세종 21년(1439) 윤2월 유학 오세경(吳世卿)의 상서에 의하면, 각사이노가 간품을 이용하여 공리의 동의 유무에 관계없이 관권을 이용하여 공물납부를 저지하고 대납을 구한다고 하였다.[113] 이들이 공물대납을 할 때에는 같은 부류는 물론이고 상급관원과도 결탁하지 않으면 거의 불가능하였다. 거기에는 각사마다 그들의 조직이 형성되어 있었다고 짐작된다.

후대의 자료이지만 인조 16년(1638) 충청감사 김육(金堉)이 충청도에 대동법을 시행하기를 청하는 장계에 의하면, "대개 각사주인(各司主人)은 모두 그 본사의 하인으로서 이른바 색리(色吏)·사령(使令)이란 자는 모두 같은 무리이다. 공물을 상납할 때 서로 주선해서 각자 그 힘을 다한다."[114]라고 하여 각사의 노자들 상호 간에 힘을 다해 주선하였다는 것은 물론 이 무렵 일시적인 것이 아니라 이미 오랜 전통을 가진 것이라 짐작된다.

명종 21년(1566) 3월의 사론에는 각사 사주인(私主人) 등의 대납을 들고, 이어서 "일찍이 본사 전임자나 시임자의 족속 또는 그의 이웃집들이 다 여기에 의뢰하여 드디어 고사가 되고 백성들의 폐단은 예외로 방치한다."고 기술되어 있다.[115] 여기서 "일찍이 본사 전임자나 시임자의 족속"이란 현직에 있는 관원은 물론이고 퇴직자 혹은 전임자도 포함되어 있었다.

다음 기사는 명종 21년(1566) 4월에 방납의 폐단을 논한 풍덕군수 이민각(李民覺)이 상소한 일부인데, 여기에는 각사의 관원과 이노의 관계를 보여주고 있다.

해당 관원이 그 술책을 알면서도 평일에 전복(典僕)에게 판비하도록 하는 것이 많으므로 그 비용을 갚아주지 않을 수 없기 때문에 하인이 애처로운 말과 대답하기 어려운 말로 그 마음을 감동시킬 수 있고 해당 관원도 그가 하는 대로 맡겨두지 않을 수 없습니다. 이것이 관을 속이고 폐단을 일으키는 세 번째입니다(『명종실록』 권32, 21년 4월 무인조; 21-83라).

여기서 "평일에 전복에게 판비하도록 하는 것이 많다."고 한 것은 각사이노가 내부 관원의 공궤를 담당하였음을 말해준다.

조선왕조에서는 궁궐뿐만 아니라 각 관부에 근무하는 관원에게 선반(宣飯) 혹은 점심(點心)으로 주식(酒食)을 공궤하였는데,[116] 그 비용은 공해전의 수입으로 마련하였다.[117] 그러나 세조 때에 공해전이 폐지됨에 따라 음식경비는 별도로 마련할 수밖에 없었다. 각사의 관원에게 공궤하는 음식의 재원은 각사의 이노가 조달하였다.

이들은 관원의 음식 재원 이외에도 놀이에 쓸 거리나 영접하고 전송할 때의 차림에 소용되는 비용도 담당하였다.[118] 이러한 경비를 조달하기 위해 이들은 소관업무를 빙자하여 각종 이권에 개입하여 모리 행위를 자행하였던 것이다. 특히 이들은 공물수납을 담당하였던 실무자라는 점에서 방납 활동에서도 매우 유리한 위치에 있었다.

예종 원년(1469) 6월에 공조판서 양성지는 각사이노의 방납 행위를 다음과 같이 말하고 있다. 즉 각사의 노들이 그 실무를 빙자하여 생초 수납 시에는 푸른 풀이 시들었다 하여 물리치고 돼지 수납 시에는 살찐 돼지가 수척하다 하여 물리치고는, 남문으로 물리쳤던 생초를 서문으로 받아들이고 집에서 기르던 돼지를 대납하고 점퇴한 돼지는 또 자기 집에서 길러 후일의 대납을 기한다고 하였다.[119] 또한 각사의 이노들은 공리가 바치는 공물이 아무리 품질이 좋다고 하더라도 온갖 꾀로 물리치고 먼저 방납한 후에 성화같이 독촉하면, 공리는 견책 당할 것을 두려워하여 월리(月利)를 많이 부담하고 그 요구를 들어주어야 겨우 공물을 바칠 수 있었다고 한다.[120]

각사이노의 활동을 문제 삼아 이에 대한 처분을 제정한 것은 중종 19년(1524)에 와서이다. 이해 여름 평안도에서 전염병이 유행하여 인민의 다수가 사망했기 때문에 죄인을 입송(入送)하여 변방을 충실하게 할 목적으로 전가사변죄 12조를 제정하였는데, 방납 행위도 그 중 한 항목에 수록되었다. 이때는 각사서원(各司書員)·고자(庫子)의 활동을 논하였는데, 그들도 사변할 것을 정하였다. 후에 이 조항은 중종 38년(1543)에 반포된 『대전후속록』 권5, 형전 잡령 전가사변죄조 12조 중 하나로 수록되었다.[121] 그러나 이같은 금지 규정에도 불구하고 그들의 방납 활동은 더욱 진전 확대되어 명종 대에 와서는 "각 고을에서 정공(正供)하는 물건은 모두 그들의 수중에 있다."[122]고 할 정도였다. 이와 같이 하나의 각사 재정이 그들의 손에서 파악되었기 때문에 "서리가 나라를 마음대로 한다[胥吏專國]"거나, 혹은 "정사가 하인배들 손에 쥐어져 있다[歸政於僮隷]"고 한 조식 (曹植)의 말[123]도 결코 과장된 것은 아니라고 하겠다.

사주인은 공리와 결탁하여 방납하기도 하였다. 사주인과 공리의 결탁은 세조 대 이전에 이미 나타나지만,[124] 성종 2년(1471)에 이르러서는 정치적으로 중대한 문제로 야기될 정도였다. 그 결과 사주인과 공리 등에 대한 단속·감독의 강화와 함께 처분 제재가 규정되었다.[125] 이들의 활동은 국가의 제재에도 불구하고 더욱 활발해졌다. 특히 8도의 물산이 운집하는 용산·서강·두모포 등 한강변에 거주하면서 상업활동을 전개했던 이른바 강거민(江居民)은 공물납부를 위해 상경하는 공리들을 접하기에 유리한 위치에 있었다. 이에 대해서는 연산군 8년(1502) 5월 영경연사 이극균의 계문이 주목된다.

(각 고을의 공리들이) 용산 등지에 와서 머무르게 되면 (그곳에) 거주하는 사람이 분점합니다. 공리들이 그 집에 머무르게 되므로 공리로서 산업의 밑천을 삼아 그 자손들에게 나누어주기까지 하고, 공리도 또한 고자(庫子)에게 뇌물을 많이 준 후에야 바칠 수 있게 됩니다 (『연산군일기』 권44, 8년 5월 임오조; 13-491가나).

여기서 용산 등지에 거주하는 사람이란 이른바 사주인이라 짐작된다. 그들은 공리에게 숙소를 제공하고 그 세공의 보관 등을 업으로 삼고 있었다.[126] 이같은 기능을 가진 사람은 시전상인·행상이 아니라 후대의 객주·여각이야말로 실로 이에 합치된다고 본다. 세종

28년(1446) 3월에 원경왕후의 산릉을 조영(造營)할 때, 산릉도감에서는 농사철에 농민의 사역을 피해 방패·섭육십·보충군·별군, 공조·상의원 장인, 동서강흥리인(東西江興利人)과 시리상고인(市里商賈人), 각사의 노자, 개성부의 각패, 경기·충청·강원·황해도의 당령선군을 모두 사역할 것을 청하고 있다.[127] 여기서 '시리상고인'은 시전상인을 가리키는 것이지만, '동서강흥리인'은 동강과 서강, 즉 한강변의 사주인(강주인)을 가리킨다고 생각된다. 이들은 같은 상인이지만 시전상인과는 분명히 구별되고 있는 것이 주목된다. 강민(江民)은 공리를 분점하여 이를 산업의 밑천으로 삼아 자손에게 나누어주기도 하였다.[128]

이상에서 살펴본 바와 같이 방납 활동에는 국가기관뿐만 아니라 승려·관리(지주)·권세가·부상대고·각사이노·사주인 등이 참여하였는데, 이들 대부분은 국가권력기구의 운영자이거나 이를 배경으로 한 자 또는 실무를 담당하는 자들이었다.

조선 전기 공납제의 운영

3. 방납과 유통경제의 관계

태종 9년(1409) 이후 방납은 금지 조치에도 불구하고 점점 확대되어 가는 추세였다. 그런데 당시는 방납이 공인되지 않은 상태였기 때문에 공물을 납부하기 위해서는 미·포를 가지고 물품이 구비된 산지에 가서 구입하든지,[129] 아니면 시장에서 구입해야 하였다. 지방 장시에서 거래된 물품들은 저고리[襦衣]·솜[綿絮]·농기구·주육(酒肉)·포(布)·곡물·초립(草笠)·놋그릇[鍮器]·가죽신[皮鞋] 등으로 농민생산을 보완하고 농민생활에 절실히 필요한 일용품이었다.[130] 고질(高質)의 사치품·소비품이 대부분을 차지하는 공물은 별공·가정과는 달리 매년 정례적으로 한 차례 납부하였으므로 일용품을 교환하는 지방장시보다는 전국의 물산이 집중 유통되는 경시(京市)에서 구입하기가 쉬운 편이었다.[131]

가령 제용감에 바치는 가는 명주[細紬]의 경우 외방에서 직조한 것은 국용에 합당하지 않아 경중에서 구매하여 납부하였고,[132] 대록비(大鹿皮)와 같은 진상물도 경중에서 구매하여 납부하였다.[133] 심지어 양계지방에 거주하는 민인조차도 진상용 초피(貂皮)를 경상(京商)에게서 사서 납부할 정도였다.[134] 이에 경중의 부상대고들은 6진 지방 깊숙이 들어가 여진족과의 무역을 통해 초서피 등의 모물(毛

物)을 구입해 오기도 하였다.[135]

경시에서의 구매는 지방장시의 한계를 극복함은 물론이고 운송·상납에서 최종 납부해야 할 각사들이 있는 서울에 있었기 때문에 지방에서 공물상품을 구매했을 때와 같이 이를 다시 서울로 가져올 필요가 없어서 경비도 절감할 수 있는 유리한 조건이 되었다.[136] 그리하여 서울을 중심으로 한 유통망의 확대로 각 군현에서는 미·포를 수합하여 경시에서 공물을 구매해서 납부하였다.

한편 대납, 방납이 성행하게 되면서 농민 가운데 일부는 농산물을 상품으로 재배하기도 하였다. 세조 4년(1458) 정월 평산도호부사 정차공(鄭次恭)의 상서에 의하면, 경상도에서 진상하는 용문석(龍文席)과 초석(草席)은 안동부를 도회소로 하여금 직조 납입케 하였다. 원래 여기에 소용되는 왕골은 안동 부근 몇몇 고을에 분정하여 수납하던 것을 문종 원년(1451)에 이르러 이들 고을 민호의 부담을 경감하기 위해 도내 67읍에 각각 부과하였다. 이들 읍에는 대소로써 차등을 매겨 왕골을 부과하였는데, 많게는 1천여 발[把][137]이었고 적게는 200여 발이었다. 그런데 제읍의 풍토가 서로 같지 않아 같은 생산품이라 하더라도 왕골의 재배법과 포백(曝白)하는 방법 등의 우열의 차이로 인해 직조할 수 없는 것도 적지 않았다. 이 때문에 제읍의 민호에서는 왕골을 비납할 수 없게 되자 안동 혹은 그 부근 고을에 가서 사들여 납부할 수밖에 없었다. 안동부의 담당 서리들은 이 틈을 타서 사사로이 비축한 것을 가지고 대납하여 점퇴당한 왕골과 나머지 값을 몰래 받고 또 다른 고을의 납품을 대신하였다. 자리 1장에 들어가는 왕골은 16발인데, 1발마다 무게는 4냥이고 그 값은 1냥마다 미 1두이니, 총 1장의 값은 미 64두이고 50

장의 값은 미 3,200두였다. 이것으로 자리를 사면 오히려 여유가 있었는데, 왕골의 값이 자리보다 배가 되는 까닭으로 안동부에 사는 농민 중에는 벼농사를 그만두고 왕골을 심어서 대납하는 밑천으로 삼는 자도 있었다.[138] 여기서 왕골 재배는 방납의 수요를 충족시키기 위한 것이므로 상품화를 목적으로 한 것이라 하겠다. 또한 중종 7년(1512) 10월 승지 김근사(金謹思)가 아뢴 바에 의하면, 전라도에서 수전을 메워서 요역과 공부에 가장 긴요한 면화를 심기도 하였다고 한다.[139] 농민 중에는 당시 면포가 민간 차원에서 기본적 가치 척도이자 교환수단으로 널리 유통됨에 따라 면화를 상품으로 재배하였던 것이다.[140]

방납은 16세기에 들어와 지주층의 대토지 소유가 성행하면서 매우 활발하게 전개되었다. 당시 토지지배 관계의 기본적인 추이는 수조권적 지배에서 소유권적 지배로 전환되고 있었는데, 이는 바로 지주제 확대와 궤를 같이하고 있다고 볼 수도 있다. 지주제는 생산력적인 측면에서 무엇보다도 대세상 상경연작농법의 보편화라는 농업생산력의 상대적인 발전을 기초로 하여 전개되었고, 거기서 필연적으로 야기되는 소경영의 분화를 바탕으로 하였다.[141]

지주전호제는 15세기 후반부터 16세기에 이르는 시기에 직전법의 실시와 그 붕괴 과정을 거치면서 수조권에 의한 토지지배가 소멸됨에 따라 본격적으로 전개되었다.[142] 과전법 이래 신분제도에 기초한 수조권적 토지지배가 무너지면서 양반지주층은 토지 소유에 대한 욕구가 더욱 절실해져 토지매득과 신전개간을 통해 토지를 확대해 갔다.[143] 특히 내수사와 토호들의 고리대를 통한 침탈과 군역·공납 등의 운영상의 폐단으로 인한 부세 중압은 농민들의 토지방매를 촉진시켜 지주층의 토지 소유를 한층 용이하게 하였다.[144] 반면에 농민들은 토지를 상실하게 되어 더욱 궁핍한 상황에 놓이게 되자, 이러한 문제를 해결하기 위한 조치로써 국가적 차원에서 균전론·한전론과 같은 토지개혁안이 제기되었던 것이다.[145]

16세기에 일어난 새로운 경제변동 하에서 이익을 누린 층은 척신을 중심으로 한 권세가와 궁가에 치우쳐 있었다.[146] 당시의 정치를 흔히 척신정치로 표현하듯이 척신의 비중은 매우 높았다.[147] 훈척정치의 틀은 세조의 왕위 찬탈과 왕위를 계승하는 과정에서 다수의 공신이 책봉되면서 형성되었고, 다시 이들의 자녀와 혼인 관계를 맺어 이른바 훈신과 척신의 이중 관계로 얽히게 되었다. 이후 예종·성종의 추대, 중종반정, 을사사화 등의 정변이 있을 때마다 다수의 공신이 배출되었으며, 그들 가운데서 상당수는 다시 왕실과의 혼인을 통해 척신이 됨으로써 훈척의 지위를 보전해 가고 있었다.[148] 왕권과 결탁하면서 그같은 재부(財富)와 사회정치 세력을 구조적으로 재생산해 가고 있던 훈척들은 반역을 도모하지 않는 한 여타 범죄는 대체로 사면되고 자손 대대로 문음의 혜택을 입어 벼슬길을 보장받았다.[149] 전제왕권의 일방적 비호를 받는 그들의 치부방식은 비리적 성향이 매우 강하여 당대는 물론 15세기 말엽부터 새로운 정치세력으로 대두하기 시작한 사림파의 중요한 정치적 쟁점이 되기도 하였다.[150]

당시 척신을 비롯한 권신들은 권력이 강대한 만큼 그것을 이용한 경제적 사익추구도 활발하였다. 16세기 중엽에 유학 서엄(徐崦)은 김안로(金安老)·이기(李芑) 등의 전횡 이후로 권신들 간에 만연된 이익을 탐하는 풍조를 다음과 같이 지적하고 있다.

조선 전기 공납제의 운영

혹 대간 자리에 있으면서 방납의 일을 요청하여 한 고을의 이득을 독점하기도 하고, 혹 시종(侍從)의 대열에 있으면서 미(米)를 청하는 쪽지를 보내어 1도의 모든 고을을 괴롭히기도 합니다. 반인(伴人)을 광점하여 고을마다 각각 한 명씩 두기도 하며, 상인들과 사사로이 결탁하여 각 고을에 방납을 요청하여 이익을 나누어 먹기도 하였습니다. 혹 연해 각 고을에 관고(官庫)의 곡식을 내게 하여 해택(海澤)을 만들기도 하고, 혹 묵은 땅을 절수받아 각 고을로 하여금 개간 경작케 하기도 하고, 혹 물고기·전복·부채·모자를 거둬들여 부경통사(赴京通事)에게 주어 중국 물품과 교환하기도 하고, 혹 혼인으로 인하여 8도에 청구하기도 하며, 감사·도사가 각 고을에 분정하여 공공연하게 뇌물을 운반해 그의 친척이나 사대부의 집에 보내는 자도 있습니다(『명종실록』 권15, 8년 10월 병신조; 20-168라~9가).

서엄이 제시한 내용은 표현상 비법적이고 특수한 경우로서 묘사되었지만, 그 자체는 권신들의 지주적 경영 행위, 방납, 해택 개발, 대중무역 등을 위한 활동이었다. 당시 척신·권신의 경제적 모리 행위 중 현저한 것으로 해택 개발과 민전 탈점, 사행무역을 통한 사무역, 시장(柴場)의 절수, 반인의 남점(濫占), 상행위, 방납 등을 들 수 있다.[151]

신전개간의 전형적인 형태인 해택지 개발은 명종 대 이후 전개되었는데, 여기에는 일시에 많은 인원을 동원해야 했기 때문에 주로 척신·권신 등에 의해 추진되었다. 해택의 언전개발은 바닷물을 가로막는 둑의 축조 과정이 힘들고, 또 소금기를 제거하는 데 여러 해가 걸리는 단점이 있었지만, 확보되는 경지가 대규모적이고 또 수년

안에 수전으로서의 활용이 보장되는 장점이 있었다. 16세기 중엽 이후 평안도 지방에 이르는 뱃길이 개통됨에 따라 지대의 수운(水運)이 용이하게 되었고, 이에 힘입어 황해·평안도 등의 서해안 전 지역에 걸쳐 해택지가 개발되기에 이르렀다.[152]

권신 및 왕자·부마가 등의 경제기반 확대는 이미 성종 대 말엽부터 현저하였다.[153] 성종 대 후반 이래 훈신·척신류의 사회 경제기반 확대의 욕구는 개간뿐만 아니라 좋은 조건의 기경지를 탈점하는 경우가 비일비재하였다.[154] 성종 16년(1485)에 충청도 진천에 살던 재상 신균과 상장군 오유종, 충주의 이복숭, 임천의 조익상 등은 1만여 석의 곡식을 축적하고 있었고,[155] 중종 13년(1518)에 전라도 순천 등지의 대지주들은 대체로 5~6천 석 내지 1만 석의 곡식을 축적하고 있었다.[156] 이들은 적어도 80~100결 정도의 토지를 소유한 대지주였다.[157]

이들이 토지를 소유하는 목적은 생산 자체보다는 소작료의 수취와 소작료를 처분하여 부의 재생산을 도모하는 데 있었다.[158] 이들이 거둔 소작료를 처분하지 못한다면 토지의 확보는 아무런 경제적 의미가 없었다. 지주들은 소작료로 받은 곡물로 식리활동과 전답매입에 사용하기도 했지만, 15세기 말엽에 하삼도 지역을 중심으로 대두한 지방장시가 16세기 초반에 들어 전국으로 확산됨에 따라 사상인층(私商人層)이나 장시와 연결되어 곡물을 처리하기도 하였다.[159]

16세기 이후 척신정치가 전개되면서 궁중·재상뿐만 아니라 권신들 중에서 사무역에 종사하는 자가 두드러지게 증가하게 되었다. 이들은 시전상인들을 통하여 교역품을 처분하기도 하였고,[160] 또한 그들이 획득한 부를 상업자본으로 전환하여 해외무역에 투자하기도

하였다. 특히 방납은 대표적인 경제활동의 하나였다.[161]

이 시기에 이르러 방납이 성행하게 된 것도 새로운 상업적 분위기와 관계된다고 볼 수 있다. 당대의 실권자인 권세가들은 모리수단으로 수령들에게 직·간접으로 방납을 강요하여 방납 활동의 주체자 혹은 배후자로서 활약하였다.[162] 당시 방납 활동의 중심적 존재는 권세가였으며, 그 권력에 부상대고 등의 사상들이 결탁하고 있었다. 이들은 대개가 시전상인과 연결을 가져 방납에서의 이득을 할애받고 그 이권을 뒷받침해 주는 관계를 가졌는데, 이는 당시 하나의 추세를 이루고 있었다.[163]

명종 4년(1549)에 지경연사 임권(任權)은 "우리나라의 공부는 처음엔 그 지방의 토산 유무를 헤아려 정했는데, 지금은 외공(外貢)이 모두 토산이 아니고 오로지 방납에 의지하는 실정"[164]이라고 하였다. 방납의 대상물품도 당해 각사의 공물에 그쳤던 것이 아니라 어공(御供)에까지 미치게 되었다.[165]

방납은 15세기 초부터 가혹한 대납가 때문에 농민들이 많은 고통을 받아왔지만, 지주제에 바탕을 둔 상업의 발달로 부를 축적한 부상대고들이 중앙집권적인 국가수취체제에 기생하면서 관권을 매개로 부등가교환을 자행하는 가혹한 농민 착취기구로 구조화되었다.[166] 특히 흉년으로 인해 물가가 상승했을 때에는 10배까지 올라 방납인이 이 틈을 타서 더욱 많은 이익을 얻는 경우도 있었다.[167] 심지어 부상대고나 각사의 관원이 사치하는 것은 모두 방납의 이익 때문이라고 하는 지적이 나오기도 하였다.[168]

방납인들은 방납을 통해 '몇 갑절[倍徙]' 혹은 '십 배의 이익[十倍之利]'을 운위할 정도로 상당한 이익을 얻었지만,[169] 이를 담당한 농민에게는 가혹한 수탈 행위로 작용하여 파산 유망한 자도 적지 않았다.[170] 당시 "소민(小民)들은 방납이란 말을 들으면 얼굴을 찡그리고 서로 말하기를 일생 동안 차라리 취렴(聚斂)하는 관리를 만날지언정 방납하는 일을 다시 보지 않기를 바란다."[171]라고 할 정도였다.

이와 같이 방납은 심한 수탈을 수반하고 있었기 때문에 일찍부터 국가의 금령 대상으로 확정되었을 뿐만 아니라 기회 있을 때마다 거듭 신칙(申飭)되고 있었다. 방납인을 처벌하는 법규 또한 북방으로 전가입거[172] 혹은 사형[173] 등의 강력한 형벌을 적용하고 있었는데도 방납이 근절되기는커녕 공적으로나 사적으로 공공연하게 행해지게 되었다.

그러면 방납이 점차 확대되어 가는 추세로 되었던 까닭은 무엇일까? 그것은 물론 방납 행위 자체가 국가 수취제에 편승한 독점적 중간 농단으로 많은 이익을 남기고 있었기 때문에, 이에 기생하는 방납모리인들의 독점적 상행위를 근절하기가 결코 쉽지 않았다. 그러나 국가의 금령에도 불구하고 지속적으로, 그리고 점차 더 확산되는 방향으로 전개될 수 있었던 배경에는 이 시기 농업생산력의 발전과 이에 따른 사회적 분화라는 현실적인 측면을 무시할 수가 없을 것이다. 당시 상경연작의 진전, 연해지·저습지의 개간과 수리시설 확충에 따른 수전농업의 확대, 목면재배의 성행 등 농업생산력의 발전은 농가 소득의 증대에 따른 잉여의 창출로 농민 유통경제가 확대되어 가고 있었다.[174]

고려 말 조선 초 농업생산력의 발달에 힘입어 15세기 말에는 농업 발달의 선진지역이었던 전라도 지역에서 장시가 출현하게 된다.[175] 장시는 농민들이 생산물의 일부를 '이유역무(以有易無)'·'유무

상천(有無相遷)'하는 일정한 지역을 범위로 매월 정기적으로 열리는 새로운 형태의 농민층의 교역기구의 하나였다. 16세기 중반에 이르러 전국으로 확산됨에 따라 각지에서 생산되던 수공업제품을 정상적으로 교환할 수 있는 단계까지 나아감에 따라 방납은 진전되고 있던 사회 경제체제 속에 구조적으로 그 틀을 확고히 할 수 있었다.

농업생산력의 발전과 더불어 농촌사회의 사회적 분업도 어느 정도 진전되고 있었다. 조선 초에 수립된 신역의 경우도 직접적인 노동력 징발의 형태에서 점차 일정한 대가를 지불하고 그 대신에 역을 지우는 대립의 형태로 바뀌어 갔다.[176]

신역에서의 대립은 부역동원이라는 고역을 피할 수 있는 확실한 수단이었으며, 이에 따라 농시를 잃지 않고 안정적인 농업경영에 전념할 수 있었기 때문에 농민들 사이에서 행해지기 시작했다. 그러나 농민들은 그만큼 미·포를 마련해서 바쳐야 하는 부담이 무거웠기 때문에 이는 주로 상층농민들 사이에서 주로 행해졌다.[177]

한편 농민의 입장에서는 공물 조달로 인해 농사에 커다란 지장이 초래되었던 상황[178]에서 비납의 편의를 위해 자구책으로 가장 쉽게 채택할 수 있는 것이 대납이었다. 특히 왕실·정부의 필요에 따라 납부를 명하는 별공·불시진상 등의 물품은 납부기한이 매우 짧았기 때문에 이를 조달하기 위해서는 대납이 불가피하였다.[179] 그리고 국가에서는 국용에 필요한 물품을 가능한 한 교환을 통하지 않고 공물·진상을 통해 현물로 직접 수취하였으나, 점차 농민들을 부역에 동원하기보다는 소경전의 다과에 따라 징수하는 형태로 변화해 갔다.

이러한 현상이 나타나면서 새로운 공납제 운영원리를 마련하자는 주장이 제기된다. 성종 8년(1477) 4월 장령 이경동(李瓊仝)은 공물을 전지의 다과에 따라 각호에 물목 가격의 고하를 참작하여 부과함으로써 농민들이 미리 알고 미·포 등으로 마련할 수 있도록 건의하고 있다.[180] 일부 군현에서 농민들이 스스로 원해 이러한 방식으로 공납제를 운영해 본 결과 소기의 성과를 거둘 수 있었음을 들면서 이를 확대 시행해 보자는 그의 건의는 당시의 공납제 운영의 추이를 일정하게 반영한 것이라 이해된다. 이는 농민들이 부역에 동원되어 공물을 조달하는 데 따른 농업노동력의 부족 및 공물 구득상의 어려움 등으로 인해 농사에 커다란 지장이 야기되었던 문제뿐만 아니라 과도한 방납가 징수에 따른 부담이 농민층에게 가중되는 문제를 해소할 방도로서 제기되었다.

당시 널리 행해진 신역에서의 대립과 공납에서의 대납·방납의 보편화는 점차 농민들의 경제활동을 당시 성장하고 있는 유통경제와 결합시키는 촉진제 역할을 다하고 있었다. 이 시기 유통경제의 대표적인 매개물로는 미·포를 들 수 있는데, 공물의 대가로서 미·포를 거두는 형태는 매우 이른 시기부터 나타나고 있었다. 즉 "외방각관의 공물이 실로 토산이 아닌 경우 농민들은 모두 미곡을 가지고 사다가 상납한다"거나,[181] 혹은 "제읍의 민호에 분정한 자리[席]를 민이 스스로 준비할 수 없어서 미·포를 거두어 안동에 가서 사서 납부한다."[182]는 것이 이미 세종 이후부터 일반화하고 있었던 것이다.

미·포가 농민들 사이에서 교역의 매개물로 사용된 것은 농민생활에서 필수품이었을 뿐만 아니라 국가·지배층의 주된 수탈 대상물로 누구에게나 가치를 가지는 것이었기 때문이다. 면화재배가 널리 보급되면서 면포는 농민들의 의생활의 변화를 가져왔을 뿐만 아니라 민간 사이의 거래나 혹은 부세납부에서 마포를 밀어내고 정포 (正布) 혹은 상포(常布)의 위치를 차지하게 되었다.[183] 방납의 매개물은 16세기 초까지 면포가 대부분이었으나, 점차 미·포가 병용되다가 지역적 편의에 따라 산골에 있는 고을은 포, 바닷가에 있는 고을은 미로 고정되어 갔다.[184]

국가에서도 당시 발전하는 경제체계 속에서 점차 비중을 높여가고 있던 방납 행위를 원칙적으로 인정하게 되었는데, 그 과정에서 야기되던 비리를 제거하고 상품유통경제 및 수공업의 발달 등의 현상을 바람직한 방향에서 수용함으로써 공물을 현물 대신 교환수단인 미·포로 수납하는 합리적인 운영을 모색하게 되었다. 이는 즉 농민으로서는 현물보다 미·포를 바치는 것이 편하고 이롭다는 현실을 반영한 것이었다. 농민은 농사만 짓고 공물의 생산은 그것을 전담하여 생산하는 자에게 맡기는 것이 국가경제적으로나, 농민경제의 측면에서 바람직하다는 현실의 반영이었다고 하겠다. 16세기 중반 이후 각 군현의 전결수를 헤아려 분정된 공물의 종류·물량의 경중에 따라 그 가격을 결정하는 사대동(私大同)·대동제역(大同除役)은 이러한 수취구조에서 필연적으로 자생하게 된 공물가 징수의 확대·정착 과정이라 할 수 있다.[185]

율곡은 당시 발전하는 경제체계 속에서 점차 비중을 높여가고 있던 방납 과정에서 야기되던 비리를 제거하고 공물을 현물 대신 교환수단인 미·포로 수납할 것을 건의하고 있다. 율곡은 해주지역에서 행해지던 전지 1결마다 미 1두를 거두는 수미법(收米法)을 전국에 시행한다면 방납의 폐단은 저절로 없어질 것이라 하였다.[186] 이는 즉 농민으로서는 현물보다도 미를 바치는 것이 편하고 이롭다는 현실을 반영하였다고 하겠다.

　방납은 그 중간의 모리성을 제외하고는 아마도 역사 전개의 순리적 방향으로 전개되었다. 물론 방납은 원초적으로 국가 공납제 운용의 편의를 위함이라든지 혹은 거기 기생하는 모리배의 농민 수탈 수단으로 등장하였겠지만, 사회생산력의 일정한 발전과 그것을 바탕으로 하고서 필연적으로 전개되는 사회적 분화, 사회적 분업과 더불어 이제 농민경제의 측면에서도 반드시 요망되는 사회적 분업의 일종으로 그렇게 끈질기게 전개되었던 것이다.

결론

이상에서 조선 전기 공납제의 내용과 특징, 공물분정의 변천, 공안·횡간 제정 전후의 국가재정 운영, 방납의 변천 등에 대해 살펴본 내용을 요약 정리하면 다음과 같다.

제1장에서는 공납제의 내용과 특징에 대해 살펴보았다. 조선 건국 직후 태조는 고려 말 이래 누적되어온 공납의 여러 가지 폐단을 제거하고 그 모순을 바로잡기 위해 원년(1392) 10월에 공부상정도감을 설치하여 공납제를 제정하게 하였다. 그 내용은 고려왕조의 공안에 근거하여 세입의 다과와 세출의 경비를 참작해서 오랫동안 쌓인 폐단을 제거하는 것이었고, 전적을 상고하여 그 토지의 물산을 분별하고 공부의 등급을 마련해서 납부할 액수를 정하는 것이었다.

공납은 크게 공물과 진상으로 나눌 수 있다. 공물에는 원공물과 전세조공물이 있었다. 조선 전기 공물 품목에 대해 비교적 상세히 수록되어 있는 것으로는 『경지』·『세지』·『승람』 등의 관찬지리지와 사찬읍지를 들 수 있다. 이 가운데 『경지』와 『세지』의 도총론과 일반 군현 항목에는 당해 지역의 산물과 공물이 수록되어 있다. 『경지』 도총론의 도복상공 항목에는 원공물과 전세조공물이 모두 수록되어 있고, 나머지 항목에는 원공물과 전세조공물이 구분되어 수록되어 있다.

중앙정부는 공물 가운데 일부는 공조를 비롯하여 중앙각사 소속의 경공장들로 하여금 수공업 제품을 제작시키거나 장원서·사포서·전생서 등의 관영시설에서 화과·소채·종묘에 제사를 지낼 때 제물로 쓰는 짐승 등을 길러 충당하기도 하였지만, 그 대부분은 지방 군현으로부터 본색인 현물을 직접 수취하였다. 공물에는 각 군현에서 준비하여 납부하는 관비공물과 각 군현의 민호에서 수취·납부하는 민비공물이 있었고, 그 밖에 민호 중에서 종사하는 생업에 따라 정역호를 정해두고 특정한 물자의 규정된 양을 생산·포획·제조하여 납부하는 특수공물이 있었다. 관비공물과 정역호가 담당하던 공물은 시대의 추이와 함께 점차 일반 민호에게 부과되었다.

진상은 공물과는 달리 각도 관찰사, 병마·수군절제사를 위시한 지방장관이 국왕에 대한 봉상의 예물로 국가의 제사에 사용되는 물품이나 왕실용 물품을 바치는 것이었다. 진상품은 이들 지방장관이 관할 내의 군현에 부과하여 이를 마련한 다음 군수·현감 중에서 차사원을 선정하여 사용원에 납부하였는데, 그 조달 방법은 공물과 거의 같았다.

과전법의 전세규정에 의하면 수전에서는 조미(糙米)를, 한전에서는 잡곡을 수취하는 것을 원칙으로 하였다. 그러나 전세 수취에서 곡물 대신에 정포·면포·면주·저포 등을 거두기도 하였는데, 이를 전세조공물이라 하였다. 전세조공물로 수취된 품목은 곡물류·포류·유밀류가 주류를 이루었다.

전세조공물은 주로 왕실공상을 담당하는 기관에서 수취하였다. 즉 내자시·내섬시·인순부·인수부 등에서는 공상에 필요한 유밀(油

蜜)과 포(布)를, 예빈시에서는 빈객의 연향이나 종실·재신들의 음식 공궤에 사용할 유밀을, 의영고에서는 사신의 연향이나 궁궐에서 필 요한 유밀을, 제용감에서는 의복하사·왜인에게 답례·진헌 등에 필 요한 포류를 이들 기관에 소속되어 있는 위전에서 각각 수취하였다.

과전법 하에서 전세는 홍수·한발 등의 자연재해로 흉황을 당하 였을 때 수손급손법이 적용되었지만, 전세조공물은 이 법이 적용되 지 않는 정액전세였다. 태종 9년(1409) 3월에 와서 전세조공물도 수 손급손법이 적용됨에 따라 각사의 전세수입은 풍흉에 따라 매년 다 를 수밖에 없었다. 이러한 문제점을 시정하기 위해 시행한 것이 세종 27년(1445)의 국용전제이다.

국용전제 시행 이전에는 전국의 토지가 경중각사위전과 외군자 위전으로 분속되어 있었기 때문에 해마다 작황에 따라 전세수납의 양에 차이가 생겼다. 경중각사에서는 그 부족분을 으레 외군자에서 빌려서 충당하였다. 그런데 각사위전제의 형태는 각사별로 개별적으 로 운용되어 그 계산이 번잡하였다. 그리하여 국가는 주군의 역전· 아록전·공수전을 제외한 경중의 풍저창위전·광흥창위전과 각사위 전을 모두 혁파하고 이를 국용전으로 귀속시켰다. 그리고 외방 각관 에서는 경중각사에 납부하는 일정한 수를 계산해 민호에 분정하여 수납하게 하고, 나머지는 지방관아의 국고에 납입하게 하면 계산이 편리할 뿐만 아니라 민간에서 납부하던 전세조공물인 미곡·밀랍· 포화의 어렵고 쉬운 것과 고되고 헐한 것 역시 공평을 기할 수 있었 다. 국용전제가 시행되면서 전세조공물의 위전전세도 개정되었다.

공납·요역·군역 등의 국가적 수취는 군현을 단위로 하는 공동체 로 책정되는 것이 일반적이었다. 그것은 그 구성원인 개별 농민의 호구나 토지를 파악하는 호적(군적)·양안 등 국가 실세의 기초자료가 미비한 상태여서 국가수취제를 직접 실상에 맞도록 정확하게 운용하기 어려웠기 때문이었다.

공물은 원칙적으로 감면되지 않는 일정부동의 원칙을 지니고 있었다. 그러나 흉황·기근 등으로 인해 공물의 감면이나 면제가 부득이할 경우에는 각사에서 1년에 필요한 경비와 각사의 창고에 남아있는 수를 참작하여 견감하였다. 견감의 대상이 되었던 공물은 대부분 각관에서 이전에 미납한 공물이거나 각사에 있는 물품 가운데 여유분이 많은 물품, 국용에 긴요하지 않은 물품 등이었다.

각 군현에 분정된 공물은 그 지방에서 생산되는 토산물을 징수하는 임토작공을 원칙으로 하였다. 그런데 토산물이 생산되는 지역에만 공물을 분정할 경우 그 지역은 중앙권력에 의해 항시 집중적으로 수탈의 대상이 되었다. 따라서 국가는 민인의 공물부담을 균평히 하고자 임토작공의 원칙에 위배됨에도 불구하고 불산공물도 분정하였다.

제2장에서는 조선 전기 공물분정의 변천에 대해 살펴보았다. 공물 수취가 군현 단위로 책정되어 운용되었다고는 하지만, 그 최종적인 부담은 민호에서 담당하였다. 민호에 대한 공물분정은 호구와 전결의 다과에 따라 부과되었는데, 이를 위해서는 무엇보다도 그 수취 지반인 호적과 양안의 정비가 전제되어야 하였다.

먼저 호구 파악은 공물의 징수·부과는 물론 소농민층의 재생산 기반을 조성하려는 국가의 의도와도 밀접한 관련을 가졌다. 국가에서 호구수를 정확히 파악하지 못한 상황에서는 민인들에게서 공물을 제대로 부과할 수 없었다. 따라서 국가는 장정의 총수와 거처를

　　　　　　　　　　　제국 지식인의 패러독스와 역사철학

확실히 파악하여 국가재정의 근간을 이루는 부세의 원천을 확보하려는 노력을 거듭하였다.

국가는 호구 파악의 철저성을 기하기 위해 인보법·호패법 등을 누누이 시행하였다. 당시 농민은 국가의 강력한 통제 아래 긴박되어 있어 거주 이전의 자유가 없었는데도 농업생산력의 상대적 저급성으로 인해 생계가 불안정하여 자연적 재해와 국가 사회적 침탈로 흔히 유망 도산하거나 호강자에게 투탁하여 협호·고공·비부·노비로 전락하기도 하였다. 이러한 주민들의 잦은 유망은 근본적으로 호구수를 제대로 파악할 수 없게 하였다. 따라서 국가는 사실상 실재하는 전체의 호구를 대상으로 하지 않고 가능한 한도 내에서 전통적인 관례에 따라 각 군현에 책립한 일정한 호수만을 파악하였다. 당시 호적에 등재된 자들은 향촌에서 전토를 어느 정도 소유하고 있던 항산자들이었다. 호적에 올라 있는 이들이야말로 공물을 비롯한 국가의 제부담을 담당해 간 기본 농민층이라 짐작된다.

양전은 토지의 소유주와 기전·진전의 실태를 파악하여 국가세수의 증대를 가져오는 데 그 목적이 있었다. 과전법 하의 양전은 대체로 30년을 한도로 개량하였으나, 공법의 시행을 추진하는 도중에 편찬된 『경국대전』에는 20년마다 개량하는 것으로 규정되었다. 양전한 후에는 공안을 개정하였다.

공물은 각 민호에 일률적으로 분정한 것이 아니라 호의 등급에 따라 분정하였다. 조선 초기의 호등은 공물분정에서 그 기준이 점차 인정에서 전지로 옮겨가고 있는 추세였다. 공납제 운영에서 수취의 기준을 전지에 두었다는 것은 개별 민호가 보유한 가족·노비의 노동력보다 사적인 소유지의 다과를 기준으로 삼는 방식으로서 농민들의 보편적인 토지 소유와 연작농업의 보편화라고 하는 농업생산력의 발전을 토대로 하였다.

조선 전기 사회의 규정적 영농 형태는 1~2결을 소유한 소농민 경영이 주류를 이루고 있었다. 그런데 국가는 모양과 크기가 천차만별한 전국의 전지를 개별적으로 파악할 수 없었기 때문에 전지 파악의 기본 단위를 5결 1자정으로 운영하였다. 5결 1자정은 양전뿐만 아니라 수취의 기초 단위로 기능하였다. 과전법 조문에 수조지 분급의 최소 단위가 5결이었고, 전세에서도 5결 단위로 수취하였다.

당시 잔잔호가 5결이 분기점이었던 점으로 보아 공물분정 역시 5결 단위로 부과하였다고 생각된다. 물론 5결 이상을 소유한 호(대호~잔호)는 하나의 자연호 단위로 파악되었겠지만, 5결 이하를 소유한 잔잔호의 경우 2가 혹은 3가 이상을 5결로 묶어 하나의 호로 파악되었을 것이다.

각 호에 대한 공물분정은 호등제에 준거한다는 규정이 마련되어 있었지만, 그것은 단지 호등에 따라 공물을 분정한다는 막연한 기준만이 규정되어 있을 뿐이었다. 그런데 공물에는 여러 가지 잡다한 종류가 있었기 때문에 설사 호의 대소에 따라 공물을 분정한다 하더라도 균일한 기준을 세운다는 것은 곤란하였을 것이다. 이러한 문제점을 해결하기 위해 시행한 것이 8결작공제이다.

8결은 부근에 살고 있는 자들의 수전과 한전의 결수를 합한 것이었는데, 8결 안에는 소유권자가 상이한 소경전이 수개 이상 포함되어 있었다. 당시 각각의 전지에서 공물을 거둔다는 것은 현실적으로 불가능하였다. 이를 효과적으로 수행하기 위해 납공자 가운데 1명의 중간 대납자를 설정하여 그들로 하여금 수납케 하였는데, 그 직무를 수행한 자는 농민들 중에서도 부호나 토호들로 선정된 호수(戸首)라 생각된다.

요역이 역민식으로 규정되어 8결 단위로 순환조발되었듯이 공물은 8결 단위로 윤회분정되었던 것으로 보인다. 즉 공물은 각 군현에 부과될 때마다 8결 단위로 그 안에서 돌아가면서 거두어졌던 것이다.

8결작공은 민의 소경전의 결부에 따라 부과되었으므로 전지를 소유한 자라면 당연히 이를 납부해야만 하였다. 따라서 공물은 전지 소유의 규모에 따라 세액의 다소가 있을 뿐이고, 표면상으로는 부담의 불평등이 있을 수 없었다. 그러나 그것은 어디까지나 원칙적 규정에 불과하였고, 그 운영의 실제는 군현 대소에 따른 지역적 불균형과 신분에 따른 불평등으로 인해 그 성과는 제한적일 수밖에 없었다. 국가는 이에 대한 개선책으로 전지의 규모를 축소시키는 방향을 모색하였다. 왜냐하면 전지를 많이 소유한 자들은 수취 규모가 작아지면 그만큼 많은 공물을 부담해야만 하였기 때문이다. 세가양반·호강품관들이 대동법을 결사적으로 반대한 것도 이러한 연유에서 비롯된 것이라 하겠다. 8결작공제는 5등호제에서 대동법으로 이행되어 가는 중간 형태라 할 수 있다.

제3장에서는 공안·횡간 제정 전후의 국가재정 운영에 대해 살펴보았다. 조선 전기에 국가의 재정은 공안과 횡간에 의거하여 운영되었다. 공안은 국초부터 제정되어 있었지만, 횡간은 세조 대에 이르러서야 제정되었다.

조선 초기부터 감합법·쇄권색·중기 등 출납·회계에 관한 감찰 규정은 마련되어 있었지만, 경비식례가 없으므로 인해 경비지출은 실제로 방만하게 운영되었다. 따라서 방만한 경비운영은 필연적으로 민인으로부터 많은 공물을 거두어들이기 마련이었다. 세종 대에 경비식례를 제정한 것은 방만한 경비 운영과 과다한 각사의 경비 책정을 바로잡고자 추진된 것이었다. 그러나 당시 경비식례는 모든 관사를 대상으로 한 것이 아니라 재정지출과 관련이 있는 43사만을 대상으로 한 것이었고, 각사에서 사용하는 모든 경비를 대상으로 한 것이 아니라 공용 제조에 쓰이는 물건만을 대상으로 한 것이었다. 그럼에도 각사의 경비식례 제정은 향후 횡간의 바탕이 되었다는 점에서 큰 의미를 갖는다고 하겠다.

세종을 이어 경비식례를 다시 추진한 왕은 세조였다. 세조는 강력한 왕권을 바탕으로 제도 전체의 차원에서 통일성을 높이려는 방향으로 개혁을 추진하였다. 세조는 세종 대에 제정된 일부 각사의 경비식례를 궁궐에서부터 제읍에 이르기까지 확대 제정하였고, 성종 대에는 이를 보완하여 신횡간을 제정하였다. 세조·성종 대에는 이에 조응하여 공안도 개정하였다. 그러나 세조·성종 대에 제정된 횡간과 공안은 국가경비를 지나치게 절감하는 방향으로 개정됨에 따라 국가재정 운영상 많은 문제점을 안게 되었다. 이로 인해 국가에서는 경비가 부족하면 으레 인납·별공가정 등의 임시적인 방법으로 경비를 조달하였다.

연산군 재위 중에는 각 능전, 군·옹주 등의 증가와 이에 따른 사여, 계속되는 왕 자녀의 길례·저택 신축 등에 막대한 경비가 필요하였다. 이러한 문제를 해결하기 위해 연산군을 비롯하여 경비를 담당한 호조에서는 공안 증액을 주장하였다. 수차례의 논의를 거친 결과 마침내 공안 개정을 보게 되는데, 이때 만들어진 공안이 바로 신

제국 지식인의 패러독스와 역사철학

유공안이다. 그러나 공안 개정을 통해 국가재정이 대대적으로 확충되었는데도 왕실을 최정점으로 하는 낭비의 구조화로 인해 국가재정은 항상 만성적인 적자에 시달리게 되어 인납·가정 등의 형태가 거의 일상화되었다. 연산군 이후 왕실의 과도한 지출로 인해 왕실 사고인 내수사의 재원만으로는 이를 충당하기 어렵게 되자 호조를 비롯하여 각사로부터 여러 종류의 물품을 왕실에 반입하기도 하였지만, 임시로 군자감에서 미곡을 빌려 보충하였기 때문에 국가의 비축곡은 갈수록 줄어들었다.

제4장에서는 조선 전기 방납의 변천에 대해 살펴보았다. 방납은 처음에 일부 특수기관 혹은 사원의 승려에게만 부분적으로 허용하였으나, 점차 국가기관뿐만 아니라 관리(지주)·왕실·부상대고·각사이노에 이르기까지 그 범위가 날로 확대되어 갔다. 그 원인은 불산공물과 난비지물의 분정과 같은 구조적 결함에 기인하는 면도 있었지만, 방납모리배들이 '몇 갑절' 혹은 '십 배의 이익'을 운위할 정도로 막대한 이익을 얻었기 때문이었다.

자연경제 하에서의 주구적 수탈은 일시적·우연적 현상에 불과할 뿐이지 항구적일 수는 없다. 방납이 지속적으로 행해질 수 있었던 것은 국가 전체로 볼 때 농업생산력의 발전을 배경으로 유통경제와 상품경제가 어느 정도 발달했기 때문에 가능하였다고 생각된다.

이 시기에는 농촌사회의 사회적 분업도 어느 정도 진전되고 있었다. 조선 초에 수립된 신역의 경우도 직접적인 노동력 징발의 형태에서 점차 일정한 대가를 지불하고 그 대신에 역을 지우는 대립의 형태로 바뀌어 갔다. 대립은 각사의 당번 기인, 보충군, 도부외, 조예, 선상노자에서부터 수군의 입번에 이르기까지 거의 모든 신역에서 이루어지고 있었다. 또한 공물 조달을 위해 동원되는 부역으로 노동력 부족현상을 초래하는 상황에서 비납의 편의를 위해 농민들이 자구책으로 가장 쉽게 채택할 수 있는 것이 대납이었다. 이는 부역동원이라는 고역을 피할 수 있는 확실한 수단이었으며, 이에 따라 농시를 잃지 않고 안정적인 농업경영에 전념할 수 있었으므로 농민들 사이에서 행해지기 시작했다. 그러나 농민들은 그만큼 미·포를 마련해서 바쳐야 하는 부담이 무거웠기 때문에 이는 상층 농민들 사이에서 주로 행해졌다. 당시는 공물대납이 공인되지 않은 상태였기 때문에 불산공물을 납부하기 위해서는 미·포를 가지고 공물상품이 구비된 산지 혹은 경시에서 구입하여 납부하였다.

공물 조달과 관련해 대납·방납이 차츰 성행하게 되면서 농민들 가운데 일부는 농산물을 상품화하여 생산하기도 하였다. 안동부에 사는 농민 중에 벼농사를 그만두고 왕골을 재배한 것이라든지, 전라도에서 수전을 메워서 요역과 공부에 가장 긴요한 면화를 심은 것은 상품을 목적으로 재배한 것이라 할 수 있다.

방납은 16세기에 들어와 지주층의 대토지 소유가 성행하면서 매우 활발하게 전개되었다. 당시에 일어난 새로운 경제 변동 아래서 이익을 누린 계층은 척신을 중심으로 한 권세가와 궁가에 치우쳐 있었다. 당대의 권세가들은 모리수단으로 수령들에게 직·간접으로 방납을 강요하여 방납 활동의 주체자 혹은 배후자로서 활약하였다. 그들은 대개가 시전상인과 연결을 가져 방납에서의 이득을 할애받고 그 이권을 뒷받침해 주는 관계를 가지는 것이 하나의 추세를 이루었다. 이들이 방납한 대상도 당해 각사의 공물에 그쳤던 것이 아니라 어공(御供)에까지 미치게 되었다.

당시 방납모리배들은 정치권력을 매개로 하여 교역에 기생함으로써 상당한 이익을 획득하고 있었다. 특히 흉년으로 인해 물가가 상승했을 때에는 이 틈을 타서 더욱 많은 이익을 얻었다. 방납이 이들에게는 상당한 이익을 가져다주었지만, 이를 담당한 농민에게는 가혹한 수탈행위로 작용하여 파산유망한 자도 적지 않았다. 그리하여 조선 전기의 위정자들은 일찍이 공물방납이야말로 민생에 폐해를 끼치는 모리행위일 뿐만 아니라 왕조의 현물재정체제를 위협하는 것으로 인식하여 이를 금지하였던 것이다.

그러나 국가의 금령에도 불구하고 방납이 지속적으로, 그리고 점차 더 확산되는 방향으로 전개될 수 있었던 배경에는 이 시기 농업생산력의 발전과 이에 따른 사회적 분화라는 현실적인 측면을 무시할 수가 없을 것이다. 한편 농민의 입장에서는 공물 조달로 인해 농사에 커다란 지장이 초래되었던 상황에서 비납의 편의를 위해 자구책으로 가장 쉽게 채택할 수 있는 것이 대납이었다. 특히 왕실·정부의 필요에 따라 납부를 명하는 별공·불시진상 등의 물품은 납부기한이 매우 짧았기 때문에 이를 조달하기 위해서는 대납이 불가피하였다. 그리고 국가에서는 국용에 필요한 물품을 가능한 한 교환을 통하지 않고 공물·진상을 통해 현물로 직접 수취하였으나, 점차 농민들을 부역에 동원하기보다는 소경전의 다과에 따라 징수하는 형태로 변화해 갔다.

국가에서도 당시 발전하는 경제체계 속에서 점차 비중을 높여가고 있던 방납 행위를 원칙적으로 인정하게 되었는데, 그 과정에서 야기되던 비리를 제거하고 상품유통경제 및 수공업의 발달 등의 현상을 바람직한 방향에서 수용함으로써 공물을 현물 대신 교환수단인 미·포로 수납하는 합리적인 운영을 모색하게 되었다. 16세기 중반 이후 각 군현의 전결수를 헤아려 분정된 공물의 종류·물량의 경중에 따라 그 가격을 결정하는 사대동·대동제역은 이러한 수취구조에서 필연적으로 자생하게 된 공물가 징수의 확대·정착 과정이라 할 수 있다.

서론

1 『三峯集』卷7, 朝鮮經國典(上) 賦典 摠序.

2 "本朝取民 如一家田稅 所出十分之四 而雜稅居十之六 所謂雜稅者 卽諸色 貢物代納者也"(『세조실록』 권33, 10년 5월 경진조; 7-628라). 앞의 숫자 '7'은 국 사편찬위원회刊 영인본의 책 수, 뒤의 숫자 '628'은 페이지 數, '라'는 하단 왼쪽 을 말함. 이하 同.

3 田川孝三,「李朝貢物考」,『朝鮮學報』9, 1956;「貢案と橫看」,『東洋學報』40-1 ·2, 1957;「李朝進上考」,『朝鮮學報』13·15·16, 1958·1960;「朝鮮初期の貢 納請負」,『史學雜誌』69-9, 1960;「朝鮮初期における僧徒の貢納請負」,『東洋 學報』43-2, 1960;「貢納請負の公認と禁斷」,『朝鮮學報』19, 1961; 이상,『李 朝貢納制の硏究』, 東洋文庫, 1964에 재수록. 이 책에는 이외에도「吏胥·奴隷 の防納とその展開」와「貢賦·徭役制の崩壞と大同法」이 수록되어 있다.

4 有井智德은『李朝貢納制の硏究』의 서평에서 그 문제점으로 지방의 공물분 정에 대한 史的 필연성에 대한 설명, 공물 부담층인 일반민호의 범위와 경제적 기반에 대한 고려, 戶役의 布納化 정도와 稅化의 정도에 대한 객관적 조건 등 에 대한 설명 부재를 지적하고 있다(有井智德,「田川孝三 著『李朝貢納制の硏 究』」,『朝鮮學報』42, 1967).

5 許種玉,「朝鮮初期의 집권적 봉건국가권력의 물질적 기초에 관한 고찰」(2), 『社會科學論叢』3-1, 부산대, 1984. 高錫珪,「16~17세기 貢納制 개혁의 방향」, 『韓國史論』12, 1985. 金鍾哲,「朝鮮前期의 賦役制·貢納制 硏究成果와「국 사」敎科書의 敍述」,『歷史敎育』42, 1987. 朴道植,「朝鮮前期 貢納制 硏究」, 경희대 박사학위논문, 1995. 박현순,「16~17세기 貢納制 운영의 변화」,『韓國史 論』38, 1997.

6 이러한 예는 "有田則有租 有身則有役 有戶則有貢物"(『세종실록』 권32, 8년 4 월 신묘조; 3-24나) 혹은 "有田則有租 有戶則有調"(『세종실록』 권42, 10년 12

월 기해조: 3-158나) 등에서 확인된다.

7 金錫亨, 「李朝初期 國役編成의 基柢」, 『震檀學報』 14, 1941. 有井智德, 「李朝
   初期의 戶籍法について」, 『朝鮮學報』 39·40, 1966. 李樹健, 「朝鮮初期 戶口研
   究」, 『韓國史論文選集』(朝鮮前期篇), 일조각, 1976. 韓榮國, 「朝鮮王朝 戶籍
   의 基礎的 研究」, 『韓國史學』 6, 1985. 韓榮國, 「朝鮮初期 戶口統計에서의 戶
   와 口」, 『東洋學』 19, 1989.

8 金泰永, 「科田法체제에서의 土地生産力과 量田」, 『韓國史研究』 35, 1981. 李
   鎬澈, 「토지파악방식과 田結」, 『朝鮮前期農業經濟史』, 1986. 李載龒, 「16세기
   의 量田과 陳田收稅」, 『孫寶基博士停年紀念 韓國史學論叢』, 1988. 宮嶋博
   史, 「朝鮮時代의 量田とその性格」, 『朝鮮土地調査事業史의 研究』, 東京大 東
   洋文化研究所, 1991.

9 李泰鎮, 「14·15세기 農業技術의 발달과 新興士族」, 『東洋學』 9, 1979. 李泰鎮,
   「高麗末 朝鮮初의 社會變化」, 『震檀學報』 55, 1984; 『韓國社會史研究』, 지
   식산업사, 1985에 재수록. 宮嶋博史, 「朝鮮農業史上における15世紀」, 『朝鮮史
   叢』 3, 1980. 宋讚燮, 「朝鮮前期 農業史研究의 動向과 '국사' 교과서의 검토」,
   『歷史敎育』 42, 1987. 廉定燮, 「농업생산력의 발달」, 『한국역사입문』(2), 풀빛,
   1995.

10 閔賢九, 『朝鮮初期의 軍事制度와 政治』, 한국연구원, 1983, 77쪽.

11 "計戶口·田籍 以定貢賦"(『세종실록』 권58, 14년 12월 계묘조: 3-432라). "凡
   貢賦·徭役皆因民所耕田結負之數而定之"(『성종실록』 권4, 원년 4월 병자조:
   8-491다).

12 李載龒, 「朝鮮前期의 國家財政과 收取制度」, 『韓國史學』 12, 1991. 金盛祐,
   「16세기 국가재정의 위기와 신분제의 변화」, 『역사와 현실』 15, 1995. 金盛祐,
   「16세기 國家財政 수요의 증대와 國役體制의 해체」, 『한국사연구』 97, 1997.
   宋洙煥, 『朝鮮前期 王室財政研究』, 집문당, 2000.

13 朴道植, 「朝鮮初期 國家財政과 貢納制 운영」, 『關東史學』 7, 1996. 朴道植,
   「16세기 國家財政과 貢納制 운영」, 『國史館論叢』 80, 1998.

14 『태조실록』 권12, 6년 10월 신묘조: 1-110라~111가.

15 "(大司諫魚)得江曰…旦日前者無橫看之時 其用度多少 日時斟酌而爲之"(『중종
   실록』 권65, 24년 5월 기미조: 17-123라).

16 田川孝三, 앞의 책. 宋正炫, 「李朝의 貢物防納制」, 『歷史學研究』 1, 1962. 金
   潤坤, 「大同法의 施行을 둘러싼 찬반 양론과 그 배경」, 『大東文化研究』 8,
   1971. 金鎭鳳, 「朝鮮初期의 貢物代納制」, 『史學研究』 22, 1973. 金鎭鳳, 「朝
   鮮初期 貢物防納에 대하여」, 『史學研究』 26, 1975. 金玉根, 『朝鮮王朝財政史
   研究』(III), 일조각, 1988.

17 高錫珪, 「16~17世紀 貢納制 개혁의 방향」, 『韓國史論』 12, 1985. 金德珍,
   「16~17세기의 私大同에 대한 一考察」, 『全南史學』 10, 1996.

18 이지원, 「16·17세기 前半 貢物防納의 構造와 流通經濟的 性格」, 『李載龒博

土還曆紀念 韓國史學論叢』, 한울, 1990. 백승철, 「16세기 부상대고의 성장과
상업활동」,『역사와 현실』13, 1994.
19 朴道植,「朝鮮前期 8結作貢制에 관한 硏究」,『韓國史硏究』89, 1995. 이정철,
「조선시대 貢物分定 방식의 변화와 大同의 語義」,『韓國史學報』34, 2009. 이
성임, 「16세기 지방 군현의 貢物分定과 수취」,『역사와 현실』72, 2009.
20 공물매매·청부활동을 하는 자들을 정부측에서는 市井牟利之輩 혹은 防納
之人·防納之徒라고 불특정하게 지칭하였지만, 시기가 지날수록 貢物이나 貢
物上納主司와 관련하여 防納私主人·貢物主人·貢物私主人·各司牟利之輩
·京各司私主人輩·京各司貢物主人 등으로 지칭되었다(이지원, 앞의 논문,
486~487쪽).
21 朴鍾進,「高麗時期 貢物의 收取構造」,『蔚山史學』6, 1993. 朴道植,「高麗時
代 貢納制의 推移」,『慶熙史學』18, 1993.
22 李泰鎭,「16세기 東아시아 경제변동과 정치·사회적 동향」,『朝鮮儒敎社會史
論』, 1989. 李景植,「16세기 場市의 成立과 그 기반」,『韓國史硏究』57, 1987.
남원우, 「15세기 유통경제와 농민」,『역사와 현실』5, 1991. 朴平植,『조선 전기
상업사연구』, 지식산업사. 朴平植, 1999.『조선 전기 교환경제와 상인연구』, 지
식산업사, 2009.

제1장 조선 전기 공납제의 내용과 특징

1 『태조실록』권2, 원년 10월 경신조; 1-33나다. 李貞熙,「高麗後期 수취체제의
변화에 대한 일고찰-常徭·雜貢을 중심으로-」,『역사와경계』22, 1992.
2 『태종실록』권16, 8년 9월 정사조; 1-450다.
3 『태종실록』권25, 13년 정월 정해조; 1-659라.
4 원공물은 土貢·元定貢物·元貢이라고도 하였고, 전세조공물은 田結貢物·田
貢·田稅所出貢物·田稅所納貢物이라고도 하였다(田川孝三, 1964『李朝貢納
制의 硏究』, 3~4쪽).
5 『경상도지리지』는『경지』로,『세종실록』지리지는『세지』로,『신증동국여지승
람』은『승람』으로 각각 약칭함.
6 金東洙,「『世宗實錄』地理志 産物項의 검토」,『歷史學硏究』12, 1993, 409쪽.
7 "槍, 角弓, 箭, 筒介, 鐵甲, 鐮子甲, 紙甲, 環刀, 鐵頭具, 小刀子, 別馬, 正鐵, 虎
皮, 豹皮, 鹿皮, 獐皮, 狸皮, 狐皮, 水獺皮, 竹席, 皮竹籠, 皮竹箱子, 滿花席子,
細綿紬, 細木棉, 笠草, 丁香脯, 鹿尾, 乾鹿, 獐, 猪, 天鵝, 野雁, 靑魚, 年魚, 大
口魚, 光魚, 銀口魚, 雙魚, 文魚, 生鮑, 紅蛤, 紫蝦, 海衣, 早藿, 牛毛, 細毛, 藁
䔆, 石茸, 松茸, 新乾竹笋, 生梨, 石榴, 唐楸子, 乾柿子, 紅柿子, 松子, 皮狄
栗, 大棗"(『慶尙道地理志』, 亞細亞文化社, 106쪽).
8 『세지』경기·경상·황해·평안·함길도 총론.

9   金東洙, 앞의 논문, 399~400쪽.

10 金東洙, 위의 논문, 392~396쪽.

11 金東洙, 「『世宗實錄』地理志의 기초적 고찰」, 『省谷論叢』 24, 1993, 2139쪽.

12 『예종실록』 권6, 원년 6월 신사조; 8-395가.

13 『승평지』는 광해군 10년(1618)에 순천부사로 재임 중이던 이수광이 편찬한 사
    찬읍지이다. 모두 53개 항목으로 되어 있는데, 그 안에 진상과 공물항목이 있다.
    물론 여기에 수록되어 있는 공물항목이 곧 조선 전기의 것이라 할 수는 없겠지
    만, 당시 전라도는 대동법 시행 이전이므로 순천부의 공안을 기초로 하여 등재
    한 것이라 본다.

14 초주지는 注書 등이 왕명을 받아 초를 잡는 데에 쓰이는 종이를 말하고, 차초
    주지는 품질이 약간 낮은 초주지를 말한다.

15 金玉根, 『朝鮮王朝財政史硏究』(1), 일조각, 1984, 16쪽.

16 田川孝三, 「李朝進上考」, 앞의 책.

17 田川孝三, 위의 책, 99~100쪽.

18 김선경, 「朝鮮前期의 山林制度-조선 국가의 山林政策과 인민지배-」, 『國史館
    論叢』 56, 1994 참조.

19 田川孝三, 앞의 책, 228~247쪽.

20 『세종실록』 권31, 8년 2월 무진조; 3-7가.

21 『문종실록』 권4, 즉위년 10월 경자조; 6-312가.

22 "諸邑楮·莞·漆 以培養所出 納貢"(『經國大典』 卷2, 戶典 徭賦條).

23 朴道植, 「朝鮮初期 講武制에 대한 一考察」, 『慶熙史學』 14, 1987 참조.

24 『성종실록』 권2, 원년 정월 기해조; 8-458라.

25 『태종실록』 권33, 17년 윤5월 갑자조; 2-166가. 『세종실록』 권107, 30년 10월
    신유조; 5-101다.

26 "各司所貢之物 皆出民戶"(『세종실록』 권42, 10년 12월 기해조; 3-158나).

27 田川孝三, 앞의 책, 71~72쪽.

28 『세종실록』 권92, 23년 3월 정미조; 4-337가. 『세종실록』 권117, 29년 9월 무신
    조; 5-38가. 『세종실록』 권50, 12년 12월 정묘조; 3-275나.

29 劉承源, 「朝鮮初期의 「身良役賤」 階層」, 『朝鮮初期身分制硏究』, 을유문화사,
    1987, 237~238쪽.

30 『성종실록』 권2, 원년 정월 기해조; 8-458라.

31 『명종실록』 권22, 12년 5월 기미조; 20-409다.

32 "凡公私田租 每水田一結 糙米三十斗 旱田一結 雜穀三十斗"(『高麗史』 卷78,
    食貨志1 田制 祿科田; 中-725).

33 『경국대전』에도 田稅紬·綿·苧·正布가 확인된다(『經國大典』 卷2, 戶典 徭賦
    條).

34 『단종실록』 권8, 원년 10월 갑진조; 6-631다.

35 吳定燮, 「高麗末·朝鮮初 各司位田을 통해서 본 국가재정」, 『韓國史論』 27,

1992. 朴道植, 「朝鮮初期 國家財政과 貢納制 운영」, 『關東史學』 7, 1996.

36 각사위전을 분급받은 것으로 확인되는 관청은 軍資監·廣興倉·豊儲倉·內資
寺·內贍寺·承寧府·恭安府·敬承府·仁壽府·仁順府·供正庫(導官署·司導
寺)·尙衣院·濟用監·奉常寺·禮賓寺·養賢庫·軍器監·義盈庫·繕工監·沈藏庫
·戶曹·工曹 등을 들 수 있다(吳定燮, 위의 논문, 165쪽).

37 金泰永, 「科田法體制下의 收租權의 土地支配關係의 변천」, 『朝鮮前期土地
制度史硏究』, 1983 참조.

38 吳定燮, 앞의 논문, 185~187쪽. 공상기관 가운데 인순부와 인수부는 세조 11
년(1465) 경에 폐지된다. 참고로 조선 후기에 이르러 전세조공물을 납부하는
각사는 모두 8개 각사로 나타난다. 8개 각사는 봉상시·내자시·내섬시·제용감·
사도시·의영고·풍저창·광흥창이다(『湖南廳事例』, 收租條).

39 『태종실록』 권1, 원년 5월 신묘조; 1-203나다.

40 『태종실록』 권3, 2년 2월 무오조; 1-224라.

41 『세종실록』 권86, 21년 7월 정묘조; 4-228나.

42 『세종실록』 권49, 12년 8월 무인조; 3-252가.『세종실록』 권73, 18년 윤6월 갑
신조; 4-18다.『세종실록』 권76, 19년 2월 기사조; 4-53가나.

43 『세종실록』 권76, 19년 2월 기사조; 4-53가.

44 『三峯集』卷13, 「朝鮮經國典」(上) 蠲免條.『태조실록』 권15, 7년 9월 갑신조;
1-137다.

45 『태종실록』 권17, 9년 3월 임술조; 1-477다.

46 『태종실록』 권32, 16년 8월 을축조; 2-131가.

47 『세종실록』 권19, 5년 3월 갑신조; 2-529가.

48 공법에 대한 논의는 세종 10년(1428)을 전후해 본격적으로 제기되어 세종 19년
법령으로 효력을 발하는 1차안이 공포되었고, 세종 22년에 수정된 2차안이 발
효되었으며, 세종 26년에 3차 확정안이 정해졌다. 이에 대해서는 金泰永, 「朝鮮
前期 貢法의 成立과 그 展開」, 앞의 책 참조.

49 『세종실록』 권49, 12년 8월 무인조; 3-253라.

50 金泰永, 위의 책, 270~271쪽.

51 『세종실록』 권73, 18년 윤6월 갑신조; 4-18다.

52 『세종실록』 권76, 19년 2월 기사조; 4-53가나.

53 『세종실록』 권76, 19년 3월 기유조; 4-60라.

54 『세종실록』 권78, 19년 7월 정유조; 4-87라~8가.

구분	上田 1結	中田 1結	下田 1結
上等道(경상도·전라도·충청도)	20두	18두	16두
中等道(경기도·강원도·황해도)	18두	16두	14두
下等道(함길도·평안도)	15두	14두	12두

55 『세종실록』 권106, 26년 11월 무자조: 4-593다.

56 『세종실록』 권109, 27년 7월 을유조: 4-624다라.

57 『예종실록』 권7, 원년 8월 정묘조: 8-411라.

58 『예종실록』 권7, 원년 9월 갑신조: 8-414다.

59 姜制勳, 「朝鮮初期의 田稅貢物」, 『歷史學報』 158, 1998, 78쪽.

60 金柄夏, 「朝鮮前期의 貨幣流通-布貨流通을 중심으로-」, 『慶熙史學』 2, 1970; 宋在璇, 「16世紀 綿布의 貨幣機能」, 『邊太燮博士華甲紀念史學論叢』, 1986.

61 李樹健, 『韓國中世社會史研究』, 一潮閣, 1984; 李樹健, 『朝鮮時代 地方行政 史』, 民音社, 1989 참조.

62 제2장. 1. 공물의 수취지반 참조.

63 『중종실록』 권97, 37년 정월 계사조: 18-543나.

64 『중종실록』 권29, 12년 8월 기유조: 15-307나.

65 "本郡(珍山, 필자주)…東南北面不過十里許 皆是窮山深谷 土瘠民殘 然其貢 賦徭役 依他阜盛各郡 一樣分定 去內子(中宗11년, 1516)年間 回郡民朴根等 上言 行移本道 徭役等事太半蠲減 自此已後稍可保存 歲月悠久 舊弊復作 數小殘民 不勝其苦 盡爲流亡 十室九空 時在村民僅八十餘戶 而獨女結幕者 多在其數 一應京各司貢物及兵水營全州南原都會 等官所納雜物 他郡人民則 一年一度 或二年一度 輪回備納"(『德溪集』 卷4, 御史兼災傷敬差官時啓 庚 午年〈선조 3년, 1570〉; 『韓國文集叢刊』 38-106).

66 『세종실록』 권43, 11년 정월 계해조: 3-162나. 『성종실록』 권236, 21년 정월 기 사조: 11-564나.

67 『단종실록』 권4, 즉위년 12월 병진조: 6-560가.

68 『세조실록』 권15, 5년 정월 계묘조: 7-309라~310가.

69 林承豹, 「朝鮮時代 邑號昇格에 관한 研究」(上·中), 『民族文化』 13·14, 1990· 91 참조.

70 『세종실록』 권92, 23년 2월 갑술조: 4-334다.

71 『명종실록』 권27, 16년 5월 계유조: 20-590라~1가.

72 李樹健, 앞의 책, 1989, 83~86쪽.

73 金東洙, 「조선 초기의 군현제 개편작업-군현병합 및 직촌화작업을 중심으로-」, 『全南史學』 4, 1990 참조.

74 군현병합시 人吏·官奴婢가 優盛하거나 戶口가 많고 면적이 넓거나 혹은 군사 상 교통상 중요한 지점일 경우에는 主邑이 되고, 그렇지 못한 지역은 縣司가 폐 쇄되고 이 지역의 인리·관노비는 신설된 主邑으로 이관해야만 하였다(『세종실 록』 권69, 17년 7월 신묘조: 3-642라~3·17년 9월 신미조: 3-650나). 따라서 안착하고 있던 土着吏民들은 군현병합에 따라 생활기반을 박탈당하였기 때문 에 이를 반대하였다.

75 군현이 강등되었을 경우 境域의 할속과 그 군현의 민호가 부담하던 공물도 타 군현에 移定되었다(『세종실록』 권21, 5년 12월 정묘조: 2-568라).

76 『중종실록』권53, 20년 3월 정해조; 16-404라~5가.

77 『중종실록』권33, 13년 5월 병인조; 15-446가. 『선조실록』권15, 14년 5월 병술조; 21-377가나. 『선조실록』권17, 16년 윤2월 정축조; 21-389나.

78 『栗谷全書』卷12, 答崔時中; 『韓國文集叢刊』44-253.

79 『세종실록』권23, 6년 3월 갑진조; 2-590다라. 『葛川集』卷2, 彦陽陳弊疏; 『韓國文集叢刊』28-468.

80 『세종실록』권36, 9년 4월 임오조; 3-69나.

81 崔承熙, 「世宗朝 政治支配層의 對民意識과 對民政治」, 『震檀學報』76, 1993, 51~53쪽.

82 『세종실록』권76, 19년 정월 병신조; 4-48라.

83 『세종실록』권17, 4년 8월 을유조; 2-489가. 『문종실록』권5, 즉위년 12월 무술조; 6-334나. 『단종실록』권12, 2년 8월 기축조; 6-704나. 『세조실록』권6, 3년 정월 정해조; 7-173라. 『성종실록』권3, 원년 2월 계유조; 8-472나. 『명종실록』권10, 5년 10월 기사조; 19-723가나.

84 『세종실록』권102, 25년 7월 병자조; 4-496라~7가. 『성종실록』권128, 12년 4월 무오조; 10-204나.

85 『중종실록』권17, 7년 11월 갑술조; 14-621라~2가.

86 『성종실록』권4, 원년 3월 병술조; 8-478라.

87 『성종실록』권128, 12년 4월 정묘조; 10-207가.

88 『중종실록』권2, 2년 정월 기묘조; 14-109라.

89 『중종실록』권26, 11년 10월 을축조; 15-224가.

90 『세종실록』권120, 30년 6월 병자조; 5-75라~6가.

91 『세종실록』권30, 7년 12월 임신조; 2-704나다.

92 『세종실록』권121, 30년 9월 정해조; 5-98라.

93 "禹別九州 隨山濬川 任土作貢"(『書經』第2篇 夏書 禹貢第1).

94 『태조실록』권15, 7년 9월 갑신조; 1-138가. 『태종실록』권26, 13년 11월 신사조; 1-693라~4가. 『성종실록』권10, 2년 4월 신해조; 8-564다.

95 『예종실록』권6, 원년 6월 신사조; 8-395가.

96 『세종실록』권92, 23년 4월 기사조; 4-339가. 『중종실록』권92, 34년 10월 신사조; 18-344나.

97 『성종실록』권79, 8년 4월 계묘조; 9-446다.

98 『세조실록』권2, 원년 12월 병인조; 7-102가.

99 『문종실록』권4, 즉위년 10월 경진조; 6-300라. 『중종실록』권8, 4년 윤9월 정축조; 14-373다.

100 『성종실록』권48, 5년 10월 경술조; 9-160가.

101 『중종실록』권6, 3년 8월 신사조; 14-273나.

102 『성종실록』권250, 22년 2월 신유조; 11-694라. 『연산군일기』권29, 4년 4월 계미조; 13-308다.

103『중종실록』권5, 3년 2월 신묘조: 14-232가나.『중종실록』권25, 11년 5월 정유조: 15-172라~3가.

104『성종실록』권48, 5년 10월 경술조: 9-160다라.

105 "(鄭光弼·金應箕·申用漑·朴說·李繼孟·南袞)又啓…當初貢案詳定時 必計其邑之殘盛 地之廣狹 物之産不産 酌定貢物之多少 以爲恒式"(『중종실록』권27, 11년 12월 경술조: 15-242가).

106 예종 원년(1468) 2월에 강원도 강릉인 선략장군 南允文과 생원 金閏身 등이 作書하여 江陵府人 全崙을 통하여 상서한 다음의 기사는 이를 말해준다. "橫看貢案所在 角弓·長箭 非民戶所産 而據所耕田收之"(『예종실록』권3, 원년 2월 을묘조: 8-335나).

제2장 조선 전기 공물분정의 변천

1 金錫亨,「李朝初期 國役編成의 基柢」,『震檀學報』14, 1941. 李樹健,「朝鮮初期 戶口硏究」,『한국사논문선집』(조선전기편), 일조각, 1976.

2 李成茂,『朝鮮初期 兩班硏究』, 일조각, 1980, 370쪽.

3 有井智德,「李朝初期の戶籍について」,『朝鮮學報』39·40, 1966, 46쪽.

4『태조실록』권3, 2년 5월 경오조: 1-44가.

5『태종실록』권7, 4년 4월 을미조: 1-294다.『태종실록』권12, 6년 10월 병진조: 1-378나.

6『태조실록』권4, 2년 12월 기사조: 1-52나.

7 朴鎭愚,「朝鮮初期 面里制와 村落支配體制의 강화」,『韓國史論』22, 1988.

8 李成茂, 앞의 책, 183쪽. 李光麟,「號牌考」,『庸齋白樂濬博士還甲紀念國學論叢』, 1956 ; 崔石雲,「世祖時의 號牌法施行」,『鄕土서울』28, 1966.

9 金泰永,「朝鮮時代 農民의 社會的 地位」,『韓國史 市民講座』6, 1990.

10 다소 과장된 표현이지만 호적에는 15세기 중엽 위정 당국자 스스로가 인정하듯이 "著籍者少 而隱漏者十居六七"(『세종실록』권88, 22년 2월 병진조: 4-270라) 혹은 "錄于籍者 僅十之一二"(『세종실록』권148, 지리지 경기도조: 5-615가)라 하여 소수의 戶口만을 성적하는 데 그치고 있는 실정이었다.

11『태종실록』권18, 9년 12월 무오조: 1-522가나.

12 李樹健, 앞의 논문, 102~110쪽.

13『태종실록』권16, 8년 11월 정묘조: 1-464라.

14『세조실록』권5, 2년 9월 정축조: 7-151라.

15『세조실록』권7, 3년 3월 무인조: 7-186나.

16『세조실록』권12, 4년 4월 경신조: 7-264라.

17『세조실록』권12, 4년 4월 임술조: 7-264라~5가.

18『세조실록』권24, 7년 4월 임신조: 7-457나.

19 『세조실록』권25, 7년 7월 임술조: 7-476가.

20 『訥齊集』卷4, 奏議 兵事六策 을미(성종 6년) 6월 24일.

21 李樹健, 앞의 논문, 1976, 142쪽.

22 『중종실록』권101, 38년 12월 기해조: 19-33다.

23 金泰永, 「科田法의 성립과 그 성격」, 『朝鮮前期土地制度史研究』, 지식산업사, 1983, 53~55쪽. 浜中昇, 「高麗後期의 量田と土地台帳」, 『朝鮮古代の經濟と社會』, 1986, 294~303쪽.

24 『태조실록』권4, 7년 7월 기해조: 1-129라.

25 『태종실록』권11, 6년 5월 임진조: 1-356나.

26 『태종실록』권26, 13년 11월 신사조: 1-693라.

27 일경은 한 사람이 소 한 마리로 하루에 犁耕하는 토지면적을 말한다. 대체로 斗落은 水田, 日耕은 旱田에서 사용되었고, 동서양도에서는 양전에도 일경을 사용하였다(田川孝三, 「近代北鮮農村社會と流民問題」, 『近代朝鮮史研究』, 1944, 438~439쪽). 일경은 농민에게는 유리했으나 국가에는 불리한 수조였다고 한다(『태종실록』권25, 13년 정월 정해조: 1-659라).

28 『태종실록』권25, 13년 정월 정해조: 1-659라.

29 『세종실록』권4, 원년 7월 병진조: 2-325다. 『세종실록』권5, 원년 9월 무신조: 2-336가.

30 金泰永, 앞의 책, 226~227쪽.

31 金泰永, 「朝鮮前期 貢法의 성립과 그 전개」, 위의 책 참조.

32 李載龒, 『조선 전기 경제구조연구』, 숭실대출판부, 1999, 96쪽.

33 『단종실록』권6, 원년 4월 병신조: 6-579라.

34 『經國大典』卷2, 戶典 量田條. 『경국대전』에서의 20년 규정은 조선 초기의 경기도와 하삼도에서 양전의 실태를 성문화한 것이라 한다(宮嶋博史, 『朝鮮土地調査事業史の研究』, 1991, 52쪽).

35 양전은 道를 단위로 도내 全邑의 모든 耕地를 대상으로 실시하는 大學量田과 어느 특정지역을 대상으로 하여 선택적으로 실시하는 抽栍量田이 있었다(宮嶋博史, 위의 책, 41~46쪽).

36 『중종실록』권52, 19년 12월 무오조: 16-365라~6가. 『중종실록』권55, 20년 9월 정묘조: 16-451라.

37 『중종실록』권51, 19년 9월 임신조: 16-338라. 『중종실록』권57, 21년 7월 계묘조: 16-521라.

38 『增補文獻備考』卷141, 田賦考1.

39 『성종실록』권293, 25년 8월 신사조: 12-576나다.

40 『중종실록』권51, 19년 9월 임신조: 16-338라.

41 宮嶋博史, 앞의 책, 122~124쪽.

42 『선조실록』권8, 7년 2월 경술조: 21-292나다.

43 朴鍾守, 「16·17세기 田稅의 定額化 과정」, 『韓國史論』30, 1993, 69쪽.

44 『성종실록』 권57, 6년 7월 계유조; 9-247가.

45 『성종실록』 권293, 25년 8월 신사조; 12-576나.

46 가령 "雖或改正 弊復如前"(『성종실록』 권57, 6년 7월 계유조; 9-247가)이라 한 것은 15세기 후반부터 만연해 오던 현상이었다.

47 李載龒, 앞의 책, 106쪽.

48 朴道植, 「高麗時代 貢納制의 推移」, 『慶熙史學』 18, 1993.

49 金勳埴, 「朝鮮初期 義倉制度研究」, 서울대 박사학위논문, 1993, 34쪽.

50 『태종실록』 권30, 15년 7월 기유조; 2-75라.

51 金武鎭, 「朝鮮初期 鄕村支配體制 硏究」, 연세대 박사학위논문, 1990, 213~218쪽.

52 朴道植, 앞의 논문, 1993 참조.

53 『태조실록』 권15, 7년 9월 갑신조; 1-137나.

54 요역의 경우 태조 원년 9월에 大·中戶는 10丁에서 1명을 내게 되어 있었는데, 小戶는 3戶에 각각 4丁씩 있는 경우를 제외하면 大·中戶보다 불리한 조건이었다(『태조실록』 권2, 원년 9월 임인조; 1-31나). 따라서 많은 인정을 소유하고 있었던 양반호에게는 계정법이 유리한 編戶法이라 할 수 있다(李成茂, 앞의 책, 192~193쪽).

55 『태조실록』 권15, 7년 12월 갑진조; 1-140라.

56 『정종실록』 권6, 2년 10월 임인조; 1-184나다.

57 『태종실록』 권29, 15년 6월 경인조; 2-73가.

58 『세종실록』 권58, 14년 12월 계묘조; 3-432라.

59 『세종실록』 권67, 17년 3월 무인조; 3-617나.

60 韓榮國, 「朝鮮初期 戶口統計에서의 戶와 口」, 『東洋學』 19, 1989, 5쪽.

61 『세종실록』 권74, 18년 7월 임인조; 4-22다.

62 『세종실록』 권112, 28년 4월 정묘조; 4-668라.

63 金泰永, 「科田法체제에서의 土地生産力과 量田」, 앞의 책. 李泰鎭, 「14·15세기 農業技術의 발달과 新興士族」, 『韓國社會史硏究』, 1985.

64 『세종실록』 권83, 20년 11월 경자조; 4-173나.

65 『세종실록』 권112, 28년 6월 갑인조; 4-680다.

66 『세종실록』 권74, 18년 7월 임인조; 4-22다.

67 金泰永, 「朝鮮前期 小農民經營의 推移」, 앞의 책 참조.

68 金泰永, 위의 책, 77쪽.

69 정종 원년(1399) 3월 趙溫(1347~1417)은 태조 7년(1398) 제1차 왕자의 난 때 수훈을 세워 定社功臣 2등급에 올라 전 150결을 절급받았는데, '定社功臣田券'에서는 각 丁의 단위를 20·15·10·5結 등으로 엮어 지급하였다. 이 점으로 보아 丁의 결부수는 4단위로 운영되었음을 알 수 있다. 그런데 세종 18년(1436) 9월에 5結 1字丁으로 作丁을 단일화하였는데(『세종실록』 권74, 18년 9월 갑오조; 4-28가), 이것은 이전에 있었던 을유양전(태종 5년, 1405) 때 이미 시행되었

을 것이라 한다(李景植, 「高麗時期의 作丁制와 祖業田」, 『李元淳教授停年紀念 歷史學論叢』, 1991, 204~205쪽).

70 "恭讓王三年五月 都評議使司上書 請定給科田法 從之…外方 王室之藩 宜置軍田 以養軍士 東西兩界 依舊充郡守 六道閑良官吏 不論資品高下 隨其本田多少 各給軍田十結或五結"(『高麗史』 卷78, 食貨志1 田制 祿科田; 中-723~724).

71 "當收租之時 每五結 楮貨一張 計米太時價 必令收納"(『태종실록』 권20, 10년 11월 갑자조; 1-569다) 및 "各品科田稅 每水田五結 收粳米十斗"(『세종실록』 권26, 6년 12월 을사조; 2-638라).

72 D-①; 『태종실록』 권12, 6년 11월 계유조; 1-379다, D-②; 『태종실록』 권30, 15년 7월 기유조; 2-75라, D-③; 『세종실록』 권67, 17년 3월 무인조; 3-617나. D-①에는 上·中·下·下 下戶라 되어 있다.

73 『세종실록』 권86, 21년 9월 을묘조; 4-236나.

74 『세조실록』 권34, 10년 10월 을미조; 7-657나.

75 『經國大典』 卷4, 兵典 復戶條. 『大典續錄』 卷2, 戶典 徭賦條.

76 『태종실록』 권12, 6년 11월 계유조; 1-379다.

77 『태종실록』 권30, 15년 7월 기유조; 2-75라.

78 『세종실록』 권111, 28년 정월 경인조; 4-652나다.

79 "下役民式于戶曹 一應收稅田 每八結出一夫 觀察使 量功役多少 循環調發 若事鉅不得已加調發 則六結出一夫"(『성종실록』 권9, 2년 3월 임진조; 8-559라).

80 『經國大典』 卷2, 戶典 徭賦條.

81 전천효삼은 8결 단위의 공물분정 역시 요역과 마찬가지로 計田籍民法에 의한 호등의 기준에 따라 役民式을 적용하였을 것이라 보았고(田川孝三, 『李朝貢納制의 硏究』, 1964, 32쪽), 유원동은 호적의 등급을 기준으로 하여 그것에 의하여 역민식으로 한 것이라고 보았다(劉元東, 『韓國近代經濟史硏究』, 一志社, 1977, 46~47쪽). 두 사람 모두 호등을 기준으로 한 역민식에 따랐을 것이라고 지적하였을 뿐, 이에 대한 구체적인 근거는 제시하지 않고 있다.

82 『陟州志』는 眉叟 許穆이 삼척부사로 재직 중이던 현종 3년(1662)에 편찬한 읍지이다.

83 공물에서의 면포 징수는 15세기 이후 書吏 따위의 방납모리배들의 강요에 의해 출발하였으나, 제반 사회·경제적 조건이 오히려 공물을 本色 대신에 米布로 수납하는 것이 유리하게 작용하자 16세기초부터 이는 보편화하기에 이른 현상이었다(高錫珪, 앞의 논문, 205~209쪽).

84 공납은 각 군현에서 왕실·중앙각사 등에 현물로 바쳤지만, 각 군현에서 이를 민호에서 조달할 때에는 무상의 강제노동인 요역징발 방식이 적용되었다고 한다. 양자를 '貢徭'라 통칭한 것도 요역이 과중할 경우 공납을 덜어 주거나 새로운 공납을 부과하면서 다른 요역 종목에서의 차역을 면제해 주는 것 등은 이들

간의 긴밀한 관계를 말해준다고 하였다(尹用出, 『조선 후기의 요역제와 고용노동』, 서울대학교 출판부, 1998 22~23쪽).『경국대전』과 『대전속록』호전에 徭賦 條라 한 것도 徭役과 貢賦를 통칭한 것이라 이해된다.

85 제4장. 2. 조선 전기 공물방납의 전개 참조.

86 『세종실록』 권7, 2년 윤정월 무술조: 2-373나.

87 『세조실록』 권11, 4년 정월 병자조: 7-249나.

88 永州에서 나는 이사를 잡아 바치면 국가에서 租·役을 면제해 주었다는 데서 비롯된 고사.

89 이는 양전 과정에서 종전의 3等田品에서 6等田品으로 바뀌는 과정에서 3등전이 대부분인 당시 토지를 1등전에서 6등전까지 구분하여 양전을 실시함에 따라 양전의 기준인 결의 크기가 바뀌어 종래 3등전의 기준 토지의 크기인 3등전 57.6묘를 기준으로 하지 않고 그 크기를 줄여 57.6묘의 2/3인 38묘를 1등전의 기준으로 삼아 양전을 실시하였기 때문이라 한다(金鍾哲, 「朝鮮初期 徭役賦課方式의 推移와 役民式의 確立」, 『歷史敎育』51, 1992, 58쪽).

90 姜制勳, 「朝鮮初期 徭役制에 대한 재검토」, 『歷史學報』145, 1995, 66~67쪽.

91 役夫와 단위당 租 부담액(斗) (姜制勳, 위의 논문, 67쪽).

科田法 5結	150	135	120	105	90	75	60	45	30
貢 法 8結	160	144	128	112	96	80	64	48	32

92 『성종실록』 권57, 6년 7월 신미조: 9-239나다.

93 이는 16세기 유성룡이 貢物作米法의 시행을 설명하면서 "又通水田旱田結 計出雜物 納于各司者 謂之元貢物"(『西厓集』 卷14, 貢物作米議; 『韓國文集叢刊』52-283~4)이라 한 것과 대동미 부과에서 "通水田·旱田 每一結 收米十二斗"(『續大典』 卷2, 戶典 徭賦條)라 한 것에서 알 수 있다.

94 과전법에서 田租의 전액을 전주에게 부담하는 직무를 수행한 자는 養戶였다. 이들은 전주가 점유하고 있는 과전 내에 소속된 전객, 즉 전주 예하의 농민들 중에서 택출되었다(이경식, 「조선 전기 전주전객제의 변동 추이」, 『애산학보』2, 1986, 157~158쪽). 조선 후기에는 작부제라는 형식으로 8결마다 납세자 중에서 한 명을 戶首로 삼아 수납케 하였다(李榮薰, 「朝鮮後期 八結作夫制에 관한 연구」, 『韓國史硏究』29, 1980, 82쪽).

95 호수는 한 마을 내에서 "使著實人定爲戶首 而或一人 或二三人"이라 하여 著實한 자가 선정되었다. 戶首의 기능에 대해 "빈민은 結卜이 零瑣한 자들이다. 사람들이 자납하기란 어려우며 따라서 여러 小結을 모아 한 戶首를 세우고 그로 하여금 自納케 하는 것이다.…每戶首의 이름 아래에는 제반 作名과 結卜의 수효가 列錄되어 있다"고 기술되어 있다(『朝鮮民情資料』). 비록 조선 후기의 자료이기는 하지만, 조선 전기에 공물·요역 등의 운영 역시 이와 유사하였으리라 짐작된다.

96 尹用出, 앞의 책, 65~67쪽.

97 『연산군일기』 권12, 2년 2월 계축조; 13-71나.

98 朴道植, 「朝鮮前期 8結作貢制에 관한 硏究」, 『韓國史硏究』 89, 1995 참조.

99 이정철, 「조선시대 貢物分定 방식의 변화와 大同의 語義」, 『韓國史學報』 34, 2009, 116~118쪽.

100 "柳成龍曰 今之田連阡陌者 皆豪勢拒貢賦之徒 小民納貢賦之田至少"(『선조실록』 권7, 6년 3월 정유조; 21-258라).

101 『명종실록』 권27, 16년 2월 정미조; 20-578나다.

102 『성종실록』 권234, 20년 11월 정축조; 11-545나.

103 『중종실록』 권52, 19년 10월 신해조; 16-348다.

104 "右議政權鈞議…四結出夫 非自今始"(『중종실록』 권52, 19년 10월 임자조; 16-348라).

105 『성종실록』 권57, 6년 7월 신해조; 9-239나다.

106 "宣惠廳啓曰…勢家兩班之多田結而少出役者 俱不悅焉 其以爲大行而甚便者 窮寒兩班與小民耳"(『광해군일기』 권25, 2년 2월 신해조; 31-490다). "江原道則無不悅者 兩湖則有悅之者 有不悅者 是由 江原道無豪强 而兩湖有豪强也 兩湖之中 湖南不悅者尤多 以其豪强尤多也 以是觀之 則唯豪强不悅而小民悅之也"(『浦渚集』 卷2, 論大同不宜革罷疏; 『韓國文集叢刊』 85-49).

제3장 공안·횡간 제정 전후의 국가재정 운영

1 "凡經費 用橫看及貢案"(『經國大典』 卷2, 戶典條).

2 田川孝三, 「貢案と橫看」, 『李朝貢納制の硏究』, 1964, 274쪽.

3 金玉根, 『朝鮮王朝財政史硏究』(I), 일조각, 1884, 142쪽.

4 진상은 크게 정기적인 진상과 부정기적인 진상으로 대별할 수 있다. 전자에는 물선진상·방물진상·제향진상이 있고, 후자에는 약재진상·응자진상·별례진상이 있다(田川孝三, 앞의 책, 91~218쪽).

5 『태종실록』 권8, 4년 8월 기축조; 1-302라~3가. 『태종실록』 권30, 15년 8월 경오조; 2-80다·11월 무신조; 2-91나. 『세종실록』 권27, 7년 정월 을유조; 2-648가. 『세종실록』 권68, 17년 6월 무신조; 3-633라.

6 사복시 馬草의 경우 5월부터 9월까지는 생초, 10월부터 3월까지는 곡초로 납부하였다(『단종실록』 권6, 원년 5월 계축조; 6-596나).

7 『성종실록』 권4, 원년 4월 정사조; 8-485라.

8 경상도 35관은 웅천(都會)·진주·김해·창원·의령·함안·곤양·거제·고성·사천·남해·하동·단성·산음·삼가·진해·칠원·성주·초계·고령, 동래(都會)·경주·밀양·대구·양산·기장·언양·현풍·창녕·영산·장기, 울산(都會)·흥해·영일·청하 등이다. 이들 지역에서는 전세의 일부를 浦所 혹은 都會官에 납부할 稅穀

이 정해져 있었다(『성종실록』 권55, 6년 5월 계축조: 9-220다).

9 『세조실록』 권34, 10년 12월 임진조: 7-662가나.

10 田川孝三, 앞의 책, 326쪽.

11 金玉根, 앞의 책, 171~174쪽.

12 王子大君·君은 1等, 정1품은 2等, 종1품은 3等이었다(『명종실록』 권6, 2년 12월 갑인조: 19-552가).

13 『예종실록』 권1, 즉위년 9월 무인조: 8-277나.

14 『三峯集』 卷7, 「朝鮮經國典」(上) 賦典 上供條·國用條·軍資條·義倉條·惠民 典藥局條·工典 倉庫條.

15 『태조실록』 권1, 원년 7월 정미조: 1-22다.

16 "國家以三司 掌錢穀所入之數 而其出也 承都評議使司之命而行之 蓋有得於 周官遺意者矣"(『三峯集』 卷14, 「朝鮮經國典」 上 錢穀條).

17 南智大, 「朝鮮初期 中央政治制度 研究」, 서울대 박사학위논문, 1993, 10~20쪽.

18 『태종실록』 권1, 원년 7월 경자조: 1-208다.

19 『태종실록』 권9, 5년 정월 임자조: 1-317라.

20 제정 당시에는 '給田司'였으나, 그 후 '經費司'가 이를 대신하였다(『태종실록』 권9, 5년 3월 병신조: 1-319라).

21 『세종실록』 권77, 19년 5월 기유조: 4-73라.

22 『三峯集』 卷13, 「朝鮮經國典」(上) 賦典 摠序.

23 『태종실록』 권3, 2년 정월 기해조: 1-223가.

24 『태종실록』 권6, 3년 윤11월 임신조: 1-286라.

25 『태종실록』 권17, 9년 4월 신묘조: 1-482나.

26 『태종실록』 권21, 11년 6월 계조조: 1-584라~5가.

27 태종 15년 8월 각사의 도망한 公處奴婢를 추쇄하기 위해 奴婢刷卷色을 설치 하였는데(『태종실록』 권30, 15년 8월 계사조: 2-84나), 이는 세종 즉위년 9월 貢 賦詳定色으로 개칭되었다(『세종실록』 권1, 즉위년 9월 신미조: 2-269라).

28 『태종실록』 권34, 17년 8월 을사조: 2-183라.

29 『세종실록』 권10, 2년 12월 기유조: 2-418다. 『세종실록』 권11, 3년 정월 기묘조: 2-421라~2가.

30 『세종실록』 권90, 22년 8월 을유조: 4-312다.

31 『세종실록』 권111, 28년 정월 정해조: 4-651나다. 중량의 단위는 10리(釐)가 1 푼(分), 10푼이 1돈(錢), 10돈이 1냥(兩), 16냥이 1근(斤)이었다(『萬機要覽』 財 政篇4, 版籍司 度量衡條).

32 『세종실록』 권24, 6년 4월 갑인조: 2-592라. 『세종실록』 권29, 7년 8월 무자조: 2-689나다. 『세종실록』 권33, 8년 9월 을미조: 3-42나. 『세종실록』 권68, 17년 6월 무신조: 3-634가나.

33 각사에서 1년간 수취한 공물과 물자의 경비를 대비하면 거의 3배, 창고에 남아 있는 수를 加算하면 거의 4.9배에 달하고 있다(田川孝三, 앞의 책, 279쪽). 그러

므로 공안은 적어도 경비의 3배 이상의 수가 제정되었다고 할 수 있다

34 당시 관물을 판매한 각사와 물품으로는 전의감·혜민서의 약재, 와요서의 기와, 귀후소의 관곽, 교서관의 서적, 사온서의 술 등이 있었다. 태종은 당초 저화 유통책의 일환으로 그 2년부터 관물의 화매를 행하게 하였는데, 풍저창의 미곡, 사재감의 어육, 제용감의 잡물 등이었다. 세종 8년 11월에는 각사의 오래 묵은 미두·포화·어물 등의 화매를 실시하고, 이듬해 10월 이후에는 풍저창·군자감·내자시·내섬시·인수부로 하여금 각각 매월 陳穀 100석을 방출 판매하게 하였다. 저화 유통책이 실패로 돌아간 후에도 관물화매는 오랫동안 행해졌다(田川孝三, 위의 책, 292~293쪽).

35 田川孝三, 앞의 책, 27~33쪽 및 吳定燮, 「高麗末·朝鮮初 各司位田을 통해서 본 국가재정」, 『韓國史論』 27, 1992.

36 金泰永, 「科田法上의 踏驗損實과 收租」, 앞의 책, 253~262쪽.

37 『세종실록』 권66, 16년 12월 을묘조; 3-604라.

38 『세종실록』 권35, 9년 3월 갑진조; 3-65가.

39 집현전 학사들은 공법의 실시와 밀접한 관계가 있었던 것으로 짐작된다. 이는 세종이 공법을 실시하는 방안을 물었던 重試에서 정인지를 비롯하여 7명의 집현전학사가 급제한 점에서 볼 때, 古制연구를 담당하였던 집현전의 기능과도 무관하지 않는 것으로 보인다(鄭杜熙, 『朝鮮初期 政治支配勢力硏究』, 1983, 138쪽).

40 朴時亨, 「李朝田稅制度의 成立過程」, 『震檀學報』 14, 1941, 106~110쪽. 李淑京, 「朝鮮 世宗朝 貢法制定에 대한 贊反論의 검토」, 『高麗末·朝鮮初 土地制度史의 諸問題』, 1987, 126~127쪽.

41 金泰永, 「朝鮮前期 貢法의 성립과 그 전개」, 앞의 책 참조.

42 이에 대해서는 金泰永, 「科田法體制에서의 收租權的 土地支配關係의 變遷」, 위의 책 참조.

43 安秉佑, 「高麗末·朝鮮初의 公廨田-財政의 運營·構造와 관련하여-」, 『國史館論叢』 5, 1989, 84쪽.

44 『세종실록』 권111, 28년 정월 정해조; 4-651나.

45 세종 21년 5월 각사노비추쇄색 계문에 "凡一百二十四司 見推奴婢二十一萬万數千口"(『세종실록』 권85, 21년 5월 기미조; 4-213다)라 한 것으로 보아 당시의 아문은 적어도 124司 이상에 달하였다을 것이다.

46 세조의 집권 과정과 즉위 후에 정난·좌익·적개공신들에게 지급한 토지결수는 15,360결에 달하였다(韓永愚, 『朝鮮前期社會經濟硏究』, 을유문화사, 1983, 91쪽).

47 『문종실록』 권1, 즉위년 3월 을사조; 6-218가.

48 南智大, 「朝鮮初期 中央政治制度硏究」, 서울대 박사학위논문, 1993, 29쪽.

49 『세조실록』 권5, 2년 10월 병인조; 7-155나.

50 『세조실록』 권21, 6년 8월 을묘조; 7-412다라.

51 『세조실록』 권23, 7년 2월 갑술조; 7-446다.

52 『세조실록』 권7, 3년 4월 기해조: 7-192가나.

53 『세조실록』 권24, 7년 4월 정유조: 7-461가.

54 당시 상림원에서만 管司 5인, 副管司 3인, 典事 9인, 副典事 10인, 給事 29인, 副給事 34인의 冗官을 도태시켰다(『세조실록』 권8, 3년 7월 계유조: 7-209라 ~210가).

55 『세조실록』 권2, 원년 11월 신묘조: 7-98가.

56 『세조실록』 권25, 7년 9월 갑인조: 7-486나다.

57 『세조실록』 권27, 8년 2월 병인조: 7-511가.

58 尹根鎬, 「朝鮮王朝 會計制度 研究」, 『東洋學』 5, 1975, 542쪽.

59 『세조실록』 권30, 9년 4월 갑신조: 7-572라.

60 『세조실록』 권21, 6년 7월 임인조: 7-409나.

61 『세조실록』 권25, 7년 7월 경술조: 7-474가.

62 『성종실록』 권44, 5년 윤6월 기유조: 9-124나.

63 『세조실록』 권31, 9년 9월 신사조: 7-588라.

64 『세조실록』 권31, 9년 11월 병자조: 7-594라.

65 『세조실록』 권31, 9년 12월 을사조: 7-598나.

66 『세조실록』 권32, 10년 정월 경진조: 7-606라. 『세조실록』 권33, 10년 5월 계축조: 7-623다라·6월 기유조: 7-632라·7월 신유조: 7-635라. 『세조실록』 권34, 10년 8월 갑신조: 7-643라·『세조실록』 권35, 11년 2월 임진조: 7-673가.

67 『세조실록』 권31, 9년 11월 병자조: 7-594라·12월 임인조: 7-598가. 『세조실록』 권33, 10년 5월 기미조: 7-624나·6월 기유조: 7-632라·경술조: 7-633가·7월 갑인조: 7-633라.

68 이는 세조 10년(1464)1월 호조에 내린 傳旨에 "凡經費 用新定式例"(『세조실록』 권32, 10년 정월 임술조: 7-600라)라 한 것으로 보아 이때 橫看이 완성되었다고 이해된다.

69 『세조실록』 권36, 11년 7월 기사조: 7-695나.

70 호조판서 曹錫文·金國光·참판 安哲孫·도승지 盧思愼 등은 詳定提調官, 輔德 金良璥·行護軍 閔奎·金石梯·行護軍 李石山·兼判通禮門事 姜允範·訓練副使 鄭永通·戶曹正郎 鄭忻·司贍寺主簿 尹惠行·副司正 尹愼德·工曹正郎 崔灝·成均博士 李淑文·戶曹佐郎 成淑 등은 詳定官, 형조참판 任元濬·부승지 尹弼商·인순부윤 韓繼禧·하성위 鄭顯祖·永順君 溥·龜城君 浚·銀山副正 徹·銀川君 襸·進禮正衡 등은 提調官이었다(田川孝三, 앞의 책, 314쪽).

71 『성종실록』 권83, 8년 8월 기해조: 9-486다.

72 『세조실록』 권34, 10년 8월 갑신조: 7-643라.

73 『성종실록』 권44, 5년 윤6월 기유조: 9-124나.

74 『세조실록』 권35, 11년 2월 기축조: 7-672라.

75 『세조실록』 권35, 11년 2월 임진조: 7-673가.

76 『세조실록』 권40, 12년 12월 기해조: 8-52나. 『세조실록』 권46, 14년 4월 기유조:

8-180나.

77 『세조실록』 권40, 12년 12월 을묘조; 8-54가.

78 『성종실록』 권44, 5년 윤6월 신축조; 9-121나.

79 『성종실록』 권34, 4년 9월 무신조; 9-60나다.

80 『성종실록』 권44, 5년 윤6월 기유조; 9-124나. 세조 10년의 식례횡간의 경비 규정은 일반적인 경비식례의 査定 및 橫看이 선정된 것이고, 성종 4년의 詳定造作式은 세종 28년 各司供用의 造作에 관한 식례에 해당하는 것으로 그 규격 및 필요한 자재의 量數를 규정한 것이라 한다(田川孝三, 앞의 책, 315쪽).

81 『중종실록』 권65, 24년 5월 기미조; 17-123라.

82 『세조실록』 권32, 10년 정월 신미조; 7-605다. 『성종실록』 권79, 8년 4월 을묘조; 9-449다.

83 『성종실록』 권37, 4년 12월 계유조; 9-77나다.

84 『성종실록』 권35, 4년 10월 병술조; 9-69나.

85 『성종실록』 권37, 4년 12월 계유조; 9-78가.

86 『성종실록』 권37, 4년 12월 계유조; 9-78가.

87 『세조실록』 권34, 10년 10월 무신조; 7-658나다.

88 『세조실록』 권34, 10년 11월 병인조; 7-659다라.

89 『연산군일기』 권55, 10년 8월 임신조; 13-656다.

90 『세조실록』 권44, 13년 10월 정미조; 8-132나.

91 『성종실록』 권67, 7년 5월 정사조; 9-342다.

92 『연산군일기』 권28, 3년 10월 무자조; 13-290가.

93 『성종실록』 권67, 7년 5월 정사조; 9-342라.

94 『성종실록』 권67, 7년 5월 신유조; 9-344라.

95 『성종실록』 권113, 11년 정월 임인조; 10-110가.

96 『성종실록』 권67, 7년 5월 신유조; 9-344라. 『성종실록』 권258, 22년 10월 을묘조; 12-101가.

97 田川孝三, 「進上考」, 앞의 책, 214쪽.

98 『연산군일기』 권28, 3년 10월 병신조; 13-292가.

99 『명종실록』 권21, 11년 11월 을해조; 20-375가.

100 『성종실록』 권91, 9년 4월 병오조; 9-579다.

101 『연산군일기』 권47, 8년 11월 임진조; 13-530다.

102 金燉, 「燕山君代의 君·臣 權力關係와 그 推移」, 『歷史敎育』 53, 1993, 161~171쪽.

103 『연산군일기』 권32, 5년 3월 병술조; 13-354가나.

104 金盛祐, 앞의 논문, 1995, 159~164쪽.

105 『연산군일기』 권42, 8년 정월 정유조; 13-466라. 『연산군일기』 권43, 8년 3월 정유조; 13-482라. 『연산군일기』 권43, 8년 4월 신유조; 13-487나다.

106 대중국 공무역에서는 藥材·弓角·書冊·章服 등이 중심이 되었고, 사무역에서

는 白絲·白苧布·紗羅綾段 등의 직물류와 珠翠·寶貝·珊瑚·瑪瑙 등의 보석
류가 대부분을 차지하였다(韓相權, 「16世紀 對中國 私貿易의 展開」, 『金哲埈
博士華甲紀念史學論叢』, 1985, 456쪽).

107 『연산군일기』 권28, 3년 10월 무자조; 13-290가.

108 『연산군일기』 권32, 5년 3월 병술조; 13-353라.

109 무오년(연산군 4년, 1498)에 상납한 米豆는 205,584석 14두인데, 국가에서 쓴
것은 208,522석 1두이다. 그 중에서 橫看付가 197,938석 13두이고, 別例의 소
용이 10,583석 3두이다(『연산군일기』 권35, 5년 10월 임자조; 13-383가).

110 『중종실록』 권37, 14년 11월 갑오조; 15-576가.

111 『연산군일기』 권28, 3년 10월 무자조; 13-290가.

112 『연산군일기』 권28, 3년 11월 경자조; 13-293나.

113 『연산군일기』 권28, 3년 10월 갑오조; 13-291라. 『연산군일기』 권28, 3년 11월
경자조; 13-293나.

114 『연산군일기』 권39, 6년 12월 임진조; 13-436라.

115 『연산군일기』 권40, 7년 4월 임진조; 13-442다. 『중종실록』 권65, 24년 5월 기
미조; 17-123라.

116 "祖宗朝 用度甚約 取民甚廉 燕山中年 用度侈張 常貢不足 以供其需 於是
加定以充其欲 臣於曩日 聞諸故老 未敢深信 前在政院 取戶曹貢案觀之 則
諸般貢物 皆是弘治辛酉(연산군 7년, 1501)所加定 而至今遵用 考其時則乃
燕山朝也"(『栗谷全書』 卷5, 萬言封事 甲戌〈선조 7년, 1574〉; 『韓國文集叢刊』
44-107).

117 "傳旨戶曹曰 常貢之外 加定引納 無歲無之"(『연산군일기』 권43, 8년 3월 임오
조; 13-477나).

118 『연산군일기』 권55, 10년 8월 임신조; 13-656다.

119 "傳曰 今後國用周足間 各道奴婢身貢 每一人 縣布一匹 加定上納 時國庫空
竭 用度不足 戶曹啓請立法 加定貢物 自此始"(『연산군일기』 권59, 11년 9월 신
해조; 14-22나다).

120 『연산군일기』 권44, 8년 6월 무진조; 13-501라. 『중종실록』 권55, 20년 9월 을
유조; 16-457가. 『중종실록』 권90, 34년 5월 을해조; 18-289다라. 『중종실록』
권91, 34년 5월 을해조; 18-292가나. 『명종실록』 권10, 5년 11월 기유조; 19-
725다.

121 『중종실록』 권97, 36년 12월 경진조; 18-539나~540다.

122 韓相權, 앞의 논문, 455~460쪽.

123 성종 대의 사치 가운데는 의복, 음식, 왕 자녀의 저택, 왕 자녀의 혼례 등이 특
히 심하였다(『성종실록』 권213, 19년 2월 병신조; 11-306나. 『성종실록』 권247,
21년 12월 무신조; 11-669라. 『성종실록』 권271, 23년 11월 무인조; 12-238나. 『성
종실록』 권283, 24년 10월 갑신조; 12-421다).

124 『중종실록』 권96, 36년 11월 경술조; 18-526가나.

125 『중종실록』 권90, 34년 5월 을해조; 18-289다.

126 『중종실록』 권44, 17년 4월 무자조; 16-112가나.

127 『중종실록』 권90, 34년 5월 을해조; 18-292다.

128 『중종실록』 권37, 14년 10월 임술조; 15-571다. 『중종실록』 권37, 14년 11월 갑오조; 15-576가.

129 『중종실록』 권91, 34년 6월 갑진조; 18-304나.

130 金盛祐, 앞의 논문, 1995 참조.

131 『중종실록』 권91, 34년 5월 을해조; 18·292가나.

132 金盛祐, 앞의 논문, 1995, 163쪽.

133 李泰鎭, 「小氷期(1500~1750) 천변재이 연구와 『朝鮮王朝實錄』-global history 의 한 章-」, 『歷史學報』 149, 1996.

134 "度支經用不足 權借軍資 以贍其用"(『연산군일기』 권43, 8년 4월 신유조; 13-487나). 군자미는 군량은 물론이고, 흉년의 빈민구제에도 대비하는 국가의 예비재원으로 중요시되어 군자감에서 이를 관장하였다(『朝鮮經國典』 賦典, 軍資條).

135 『성종실록』 권130, 12년 6월 임자조; 10-225라.

136 『중종실록』 권98, 37년 4월 신유조; 18-568라.

137 『명종실록』 권33, 21년 7월 정사조; 21-103가나.

138 『栗谷全書』 卷8, 六條啓 癸未(선조16년, 1583); 『韓國文集叢刊』 44-172.

139 『栗谷全書』 卷7, 疏箚5 司諫院乞變通弊法箚; 『韓國文集叢刊』 44-140.

140 『栗谷全書』 卷7, 疏箚5 陳時弊疏; 『韓國文集叢刊』 44-150.

141 『栗谷全書』 卷5, 疏箚3 「萬言封事」; 44-107.

142 『栗谷全書』 卷7, 疏箚5 司諫院乞變通弊法箚; 『韓國文集叢刊』 44-140.

143 "利不什則不改舊"(『栗谷全書』 卷7, 疏箚5 陳時事疏; 『韓國文集叢刊』 44-155).

144 『栗谷全書』 卷7, 疏箚5 司諫院乞變通弊法箚; 『韓國文集叢刊』 44-140.

제4장 조선 전기 방납의 변천

1 "州郡所納諸司貢物 民或不能自備者 代納于官 收其價償之 謂之防納"(『세종실록』 권18, 4년 윤12월 경오조; 2-517라).

2 朴道植, 「고려시대 공납제의 추이」, 『朝鮮前期 貢納制研究』, 2011 참조.

3 『태종실록』 권17, 9년 3월 임술조; 1-477라~8가.

4 『經國大典』 卷1, 吏典 考課條 및 『經國大典』 卷4, 兵典 復戶條.

5 『문종실록』 권4, 즉위년 11월 신축조; 6-313다. 『문종실록』 권7, 원년 5월 기미조; 6-390다.

6 田川孝三, 「李朝初期の貢納請負」, 『李朝貢納制の研究』, 1964, 357쪽.

7 『세종실록』 권10, 2년 11월 신미조; 2-415가, 라.

8 『세종실록』권18, 4년 윤12월 경오조; 2-517라.

9 韓㳂劤,「麗末·朝鮮前期 其人役 變遷의 背景과 그 實際」,『其人制研究』, 一志社, 1991, 118~120쪽.

10 『세조실록』권40, 12년 11월 경오조; 8-46가.

11 『세종실록』권87, 21년 11월 을묘조; 4-251다.

12 韓㳂劤,「麗末鮮初의 佛敎政策」,『서울大學校論文集』(인문사회과학) 6, 1957;『儒敎政治와 佛敎-麗末鮮初 對佛敎施策-』, 一潮閣, 1993. 李炳熙,「朝鮮初期 寺社田의 整理와 運營」,『全南史學』7, 1992.

13 韓㳂劤,「世宗朝에 있어서 對佛敎施策」,『震檀學報』25·25·27, 1964; 위의 책, 178~179쪽.

14 韓㳂劤,「文宗~世祖朝에 있어서의 對佛敎政策」,『韓國史學』12, 1991; 위의 책.

15 『문종실록』권1, 즉위년 3월 을사조; 6-217라.『문종실록』권1, 즉위년 4월 계미조; 6-230다라.『문종실록』권4, 즉위년 10월 경인조; 6-306라.

16 『문종실록』권1, 즉위년 4월 신축조; 6-233가.

17 『문종실록』권1, 즉위년 5월 임자조; 6-235다.

18 『문종실록』권1, 즉위년 5월 기미조; 6-236다.

19 『문종실록』권1, 즉위년 4월 신축조; 6-232라~3가.『문종실록』권1, 즉위년 5월 기미조; 6-236다.『문종실록』권3, 즉위년 9월 기유조; 6-280라.『문종실록』권4, 즉위년 10월 경자조; 6-312나.『문종실록』권6, 원년 3월 갑진조; 6-364나.

20 『문종실록』권1, 즉위년 3월 임신조; 6-229가.『문종실록』권1, 즉위년 4월 신축조; 6-233가.

21 『문종실록』권1, 즉위년 4월 신축조; 6-232라~3가.

22 『문종실록』권1, 즉위년 5월 무신조; 6-234다라.

23 『문종실록』권1, 즉위년 5월 기미조; 6-236다.

24 『문종실록』권3, 즉위년 9월 기유조; 6-280라.

25 『문종실록』권4, 즉위년 10월 경자조; 6-312가.

26 『문종실록』권2, 즉위년 7월 기미조; 6-258다.

27 『문종실록』권3, 즉위년 9월 기유조; 6-280라.

28 『문종실록』권3, 즉위년 9월 기유조; 6-280라~1가.

29 『문종실록』권4, 즉위년 10월 경진조; 6-300다라.『문종실록』권5, 원년 정월 계해조; 6-349라. 양성지는 대납물 중에서도 가장 민폐가 큰 것으로 苧·油蜜·白楮·正鐵·竹木·貢布·燒木·吐木·不等方木·豹皮·船隻 등을 들고 있다 (『세조실록』권40, 12년 11월 경오조; 8-46가).

30 『문종실록』권5, 원년 정월 갑진조; 6-340가.

31 세조는 즉위 후 종래 행해지던 법전을 정리하여 六典의 纂修를 행하여『경국대전』을 제정하였는데, 그 중 가장 먼저 제정된 것은 경진년(세조 6년, 1460)의 戶典이다. 여기서의 대전은 경진대전이다. 오늘날 전해지는『경국대전』은 성종

조선 전기 공납제의 운영

16년(1485)에 改修하여 반포한 을사대전이다.

32 『세조실록』권23, 7년 정월 갑진조; 7-441가.

33 『세조실록』권23, 7년 3월 경술조; 7-453라.

34 『세조실록』권29, 8년 8월 임신조; 7-546라.

35 『예종실록』권1, 즉위년 10월 임인조; 8-282가.

36 『예종실록』권1, 즉위년 10월 임인조; 8-282가나.

37 『예종실록』권1, 즉위년 10월 정미조; 8-283라.

38 『예종실록』권3, 원년 정월 임오조; 8-322가나.

39 平原大君 琳의 奴인 都致가 공물을 대납하여 체포되었을 때, 그의 죄가 사형에 해당되는 것임에도 불구하고 內請에 의해서 얼마 안 되어 방면된 예는 이를 말해준다고 하겠다(『예종실록』권6, 원년 6월 정묘조; 8-389가).

40 『經國大典』卷5, 刑典 禁制條.

41 『성종실록』권55, 6년 5월 경신조; 9-223라. 『성종실록』권225, 20년 2월 병진조; 11-450나. 『성종실록』권250, 22년 2월 신유조; 11-694라. 『중종실록』권6, 3년 8월 신사조; 14-273나.

42 『명종실록』권4, 원년 12월 임진조; 19-470다.

43 『세조실록』권28, 8년 6월 임신조; 7-539가.

44 『성종실록』권2, 원년 정월 정미조; 8-461가나.

45 『세조실록』권46, 14년 6월 병오조; 8-196가.

46 『성종실록』권2, 원년 정월 병술조; 8-452나.

47 『중종실록』권53, 20년 3월 경오조; 16-390가.

48 『세종실록』권29, 7년 8월 무자조; 2-689다.

49 『예종실록』권6, 원년 7월 계묘조; 8-405가.

50 "盖貢物縱使定之 一以土宜 京司分定於各邑 各邑分徵於各面民戶"(『磻溪隨錄』卷3, 田制後錄上 經費條).

51 朴道植, 「朝鮮前期 貢吏연구」, 『人文學研究』3, 관동대 인문과학연구소, 2000 참조.

52 崔完基, 「李朝前期 漕運試考-그 運營形態의 變遷過程을 중심으로-」, 『白山學報』20, 1976. 六反田豊, 「李朝初期の田稅輸送體制」, 『朝鮮學報』123, 1987.

53 "蓋京城 爲人民之都會 而且是不耕不転之地 必待四方之委輸 貨物之流通而有所相籍"(『白沙集』別集 卷1, 陳時務劃一啓; 『韓國文集叢刊』62-335).

54 『세종실록』권148, 지리지 京都 漢城府條. 『東國輿地勝覽』卷2, 京都(下)·卷3, 漢城府條.

55 경주인의 담당업무는 稅貢의 上納, 新舊守令의 迎送, 政府各司와의 公事通信連絡, 京役吏·選上奴婢의 上番·就役 등의 주선, 上京官人·吏員의 숙박 외에도 本官出身 朝官의 宴飮供應의 일까지도 담당하였다(李光麟, 「京主人 研究」, 『人文科學』7, 연세대 인문학연구소, 1962 참조).

56 『중종실록』권29, 12년 9월 을미조; 15-331가.

57 가령 교서관에서는 62개 군현에서 貢紙를 수납하였다. "余(柳希春)被校書館請坐 往捧各官貢紙 凡六十二官"(『眉巖日記草』4, 甲戌〈宣祖 7年, 1574〉7월 12日; Ⅳ-440).

58 "(領事李)克均曰…且一邑之吏 所納各司非一"(『연산군일기』권44, 8년 5월 임오조; 13-491나). 가령 순천부에서는 공조를 비롯한 19곳의 각사에 69종류의 공물을 납부하였다(李泰鎭·李相泰 編, 『朝鮮時代 私撰邑誌』, 人文科學硏究院, 1989, 318~321쪽).

59 『세조실록』권39, 12년 9월 병술조; 8-40라. 『명종실록』권14, 8년 5월 신미조; 20-135가.

60 『명종실록』권14, 8년 5월 신미조; 20-135가.

61 『성종실록』권10, 2년 5월 정유조; 8-573가. 『經國大典』卷2, 戶典 雜令條.

62 『세종실록』권127, 32년 윤정월 갑술조; 5-171나다.

63 『문종실록』권1, 즉위년 4월 임신조; 6-229가.

64 당시 왕실관련 사원은 願主생전의 안녕을 기원하거나 사망한 선조의 명복을 비는 왕실원당, 선왕의 능 근처에 설립하거나 혹은 지정하여 명복을 비는 陵寢寺, 왕실 및 국가를 위해 水陸齋를 설행하는 사찰인 수륙사 등이 있었다. 교종·선종 36사 중 왕실 관련 사원은 22사였다(宋洙煥, 「朝鮮前期의 寺院田-王室關聯 寺院田을 中心으로-」, 『韓國史硏究』79, 1992, 27~36쪽).

65 『세종실록』권24, 6년 4월 경술조; 2-592가.

66 『문종실록』권1, 즉위년 4월 신축조; 6-233가.

67 "(大司諫安)完慶曰 外官貢物代納 其弊不小 臣聞幹事僧 因代納貢物 橫行忠淸道州郡 作弊多端…上曰…然津寬寺幹事僧覺頓 因代納貢物 負債實多 若急切禁之 則彼僧負債 何以償之"(『문종실록』권4, 즉위년 11월 신축조; 6-313다). 여기서 각돈에게 빌려준 부채는 軍資米穀이라 짐작된다. 이는 세종 21년 4월에 "軍資米穀 本爲餉軍賑飢而設也 其斂散之方 不可不謹 舍利閣幹事僧 洪照 所貸米五十石 悉令勿徵 臣等以爲上項之米 實是民膏 不可輕與遊手之徒 以爲無名之費也"(『세종실록』권85, 21년 4월 기해조; 4-207나)라 하여 사리각 간사승 홍조가 군자미곡 50석을 빌린 것에서도 확인할 수 있다.

68 『세종실록』권124, 31년 5월 계미조; 5-128나.

69 『문종실록』권5, 원년 정월 갑진조; 6-340가. 『문종실록』권7, 원년 5월 기미조; 6-390다.

70 『문종실록』권6, 원년 3월 갑진조; 6-364나.

71 『세조실록』권28, 8년 7월 계묘조; 7-541다라.

72 『예종실록』권3, 원년 정월 임오조; 8-322나.

73 『태종실록』권18, 9년 11월 병신조; 1-519가.

74 "凡收稅貢之納 翌年六月上納 ○本曹 每年季 考諸司貢物 所納之數 未納六司以上守令 啓聞罷黜"(『經國大典』卷2, 戶典 稅貢條). 이 규정에 의거하여 수

령이 파출된 예로서는 중종 19년 황해도에만 12명에 달하였다(『중종실록』 권
51, 19년 9월 임술조; 16-336나다 · 갑자조; 16-337가).

75 『세종실록』 권50, 12년 12월 기축조; 3-279다.

76 『성종실록』 권10, 2년 4월 정묘조; 8-567라.

77 『명종실록』 권5, 2년 2월 경인조; 19-482라~3가.

78 "成均進士宋希獻上書曰…代納之徒 非權門勢室 則必富商大賈·僧焉"(『세조
실록』 권46, 14년 6월 임인조; 8-191나).

79 『세종실록』 권10, 2년 11월 기사조; 2-414라.

80 『세종실록』 권23, 6년 정월 병오조; 2-576라~7가.

81 『세종실록』 권24, 6년 4월 임자조; 2-592라.

82 『세종실록』 권24, 6년 5월 을유조; 2-596가.

83 "大小之家 以各官貢物 公然先納 收價於民 士林曾不爲咎"(『세종실록』 권51,
13년 정월 기축조; 3-292나).

84 『세종실록』 권50, 12년 12월 병술조; 3-279가.

85 『세종실록』 권51, 13년 정월 기축조; 3-292나.

86 『세종실록』 권52, 13년 4월 계축조 · 갑인조; 3-311가나, 을묘조 · 병진조; 3-312
가다.

87 『명종실록』 권13, 7년 9월 갑진조; 20-102다.

88 『세조실록』 권36, 11년 7월 신미조; 7-695다.

89 『세조실록』 권23, 7년 3월 경술조; 7-453라.

90 『성종실록』 권241, 21년 6월 신축조; 11-608라.

91 尹殷老는 부상대고 申末同 등의 청탁을 받아 新川郡守 · 文化縣監 · 兎山縣監
에게 書簡을 보내어 당해 군현의 공물을 방납하였다(『성종실록』 권241, 21년 6
월 무술조; 11-608가).

92 『성종실록』 권297, 25년 12월 기사조; 12-609나다.

93 『세종실록』 권95, 24년 정월 정묘조; 4-390나.

94 朴鍾進, 앞의 논문, 59쪽. 朴道植, 앞의 책, 35~36쪽.

95 상업에 대한 이러한 인식은 당시 지배층이 공통적으로 지니고 있었다(李章熙,
『朝鮮時代 선비硏究』, 1989, 180~88쪽).

96 吳 星, 「朝鮮初期 商人의 활동에 대한 一考察」, 『國史館論叢』 12, 1990.

97 田川孝三, 앞의 책, 785쪽.

98 『세종실록』 권18, 4년 윤12월 임신조; 2-517라~8쪽.

99 『세조실록』 권33, 10년 5월 경진조; 7-628라~9가.

100 『세조실록』 권33, 10년 5월 경진조; 7-629가.

101 『예종실록』 권3, 원년 정월 임오조; 8-322나.

102 『세조실록』 권46, 14년 6월 병오조; 8-195가. 『訥齊集』 續編1, 應旨上時弊六事.

103 『성종실록』 권5, 원년 5월 경자조; 8-501나다. 회환은 미곡의 시세가격의 고하
를 이용하여 판매해서 많은 이익을 얻는 행위였다(朴平植, 「朝鮮初期 兩界地

方의 '回換制'와 穀物流通」,『學林』14, 1988).

104 『성종실록』권36, 4년 11월 경자조; 9-71다.『訥齊集』卷4, 風俗學校十二事.

105 『세조실록』권11, 4년 윤2월 계미조; 7-261가.

106 『성종실록』권33, 4년 8월 병자조; 9-54다.

107 『예종실록』권7, 원년 9월 계묘조; 8-418다.

108 朴道植,「朝鮮前期 貢吏연구」,『人文學硏究』3, 2000 참조.

109 申解淳,「朝鮮時代 京衙前의 職務에 대하여-朝鮮前期의 資料를 中心으로-」,『崔永禧先生 華甲紀念 韓國史學論叢』, 1987, 284~285쪽.

110 宋洙煥,「조선 초기의 各司奴婢와 그 經濟的 위치」,『韓國史硏究』92, 1996.

111 "每番 刑曹先考京奴贏餘 定選上 具數啓文"(『經國大典』卷5, 刑典 諸司差備奴·根隨奴定額).

112 宋洙煥, 앞의 논문, 1996, 57쪽.

113 『세종실록』권84, 21년 윤2월 계미조; 4-190다.

114 『潛谷遺稿』卷8, 請行本道大同狀; 86-151.

115 『명종실록』권32, 21년 3월 병오조; 21-74가.

116 『태종실록』권33, 17년 윤5월 경신조; 2-164다라.『세종실록』권1, 즉위년 9월 임술조; 2-269가.

117 『태종실록』권6, 3년 윤11월 임신조; 1-286라.

118 『선조실록』권7, 6년 9월 계묘조; 21-272다.『선조실록』권8, 7년 10월 기사조; 21-315다.『眉巖日記草』4, 癸酉〈宣祖6年, 1573〉9月 24日; IV-115.

119 『예종실록』권6, 원년 6월 신사조; 8-395다라.

120 『중종실록』권25, 11년 7월 갑오조; 15-198라~9가.

121 이 12개조는『중종실록』과『대전후속록』이 동일하지만, 내용에서는 그 동일한 것이 7조이고, 서로 다른 것이 5조다.『실록』에는 "*一, 外方人駄載之物 邀於中路抑勒買賣者 *一, 法司衙前 與商賈人等 朋結宴飮. *一, 捕犯禁人 聽囑還放者 *一, 持僞造文記爭訟者 雖言祖上所爲 全家入居 *一, 犯流罪者 一, 外吏受貢物濫用者 一, 田稅累年不納者 一, 守令遞代時 乘間擅用官物者 一, 僞造文記 奸詐現著者 *一, 非理好訟者 一, 代納貢物者 一, 品官吏民告 其監司守令者"(『중종실록』권51, 19년 7월 경인조; 16-325다)라 되어 있다. 이 가운데 *을 붙인 5개조는『대전후속록』에는 "○土豪多受公債不納者 ○罪犯 綱常 情理深重者 ○壓良爲賤者 ○鄕吏犯元惡者 ○公私賤犯全家徙邊者" 라고 고쳐져 있다.

122 『명종실록』권29, 18년 정월 임진조; 20-634다.

123 『선조실록』권2, 원년 5월 을해조; 21-194나.『南冥集』卷2, 戊辰封事.

124 『세조실록』권38, 12년 2월 갑오조; 8-8다.

125 『성종실록』권10, 2년 5월 정유조; 8-573가.

126 金鎭鳳,「私主人 硏究」,『大丘史學』7·8, 1973. 강승호,「朝鮮前期 私主人의 發生과 活動」,『東國歷史敎育』7·8, 1999. 朴平植,「朝鮮前期의 主人層과 流

通體系」, 『歷史敎育』82, 2002.

127 『세종실록』 권111, 28년 3월 을미조; 16-276라.

128 『연산군일기』 권24, 3년 6월 계유조; 13-227나.

129 『연산군일기』 권10, 원년 11월 정유조; 13-49라.

130 李景植, 「16世紀 場市의 成立과 그 基盤」, 『韓國史硏究』57, 1987, 52쪽.

131 朴平植, 『조선 전기 상업사연구』, 1999 및 『조선 전기 교환경제와 상인연구』, 2009 참조.

132 『세종실록』 권90, 22년 8월 을유조; 4-312다.

133 『중종실록』 권49, 18년 12월 정미조; 16-276라.

134 『중종실록』 권86, 32년 12월 갑자조; 18-155가.

135 『연산군일기』 권29, 4년 4월 계묘조; 13-308라.

136 이지원, 앞의 논문, 484~485쪽.

137 "동국 풍속에 양쪽 팔을 한껏 벌린 것을 1발[把]이라 한다"(『經世遺表』 卷14, 均役事目追議2 船稅).

138 『세조실록』 권11, 4년 정월 병자조; 7-249나.

139 『중종실록』 권17, 7년 10월 신축조; 14-617나.

140 이러한 사례는 공납과 요역에서 면포로 부과된 것에서도 확인된다. "典經宋麟壽曰 近日 臣往忠淸道聞之 各邑於貢物及雜役 皆賦民以五升綿布"(『중종실록』 권53, 20년 2월 기미조; 16-384라).

141 金泰永, 「朝鮮前期 小農民經營의 추이」, 『朝鮮前期土地制度史硏究』, 1983, 148~149쪽.

142 李景植, 「조선 전기 전주전객제의 변동 추이」, 『애산학보』4, 1986. 李景植, 「職田制의 施行과 그 推移」, 『朝鮮前期土地制度硏究』, 일조각, 1986.

143 李景植, 「16세기 지주층의 동향」, 『歷史敎育』19, 1976, 142쪽.

144 『중종실록』 권7, 3년 10월 정축조; 14-282나. 『중종실록』 권12, 6년 2월 병오조; 14-496나. 『중종실록』 권64, 23년 11월 신축조; 17-76라.

145 金泰永, 「朝鮮前期의 均田·限田論」, 『國史館論叢』5, 1989.

146 李泰鎭, 「16세기 沿海지역·堰田개발-戚臣政治의 經濟的 背景 一端-」, 『金哲埈博士華甲紀念史學論叢』, 1983; 『韓國社會史硏究』, 1985에 재수록.

147 金宇基, 「朝鮮 中宗後半期의 戚臣과 政局動向」, 『大丘史學』40, 1990. 李秉烋, 「中宗·明宗代 權臣·戚臣政治의 推移와 晦齋의 對應」, 『李晦齋의 思想과 그 世界』, 1992. 李宰熙, 「朝鮮 明宗代 '戚臣政治'의 전개와 그 성격」, 『韓國史論』29, 1993.

148 金泰永, 「晦齋의 政治思想」, 『李晦齋의 政治과 그 世界』, 1992, 122~123쪽.

149 金泰永, 위의 논문, 124쪽.

150 李泰鎭, 앞의 책, 299쪽.

151 李宰熙, 앞의 논문, 107~108쪽.

152 李泰鎭, 앞의 책, 237쪽 및 李景植, 앞의 논문, 1976, 152~153쪽.

153 李泰鎭, 위의 책, 237~238쪽.

154 『성종실록』권44, 5년 윤6월 갑진조: 9-122다. 『성종실록』권130, 12년 6월 임
자조: 10-226나다.

155 『성종실록』권182, 16년 8월 경진조: 11-46다.

156 "如順天等處 豪富之民 一家之積 或至萬石 或至五六千石 其田落種之數
亦至二百餘石"(『중종실록』권33, 13년 5월 을축조: 15-445다).

157 지주가 만여 석 정도를 積穀하려면 田地 200여 石落 정도를 경영하고 있어
야 했는데, 전지 200여 석락은 平石으로 쳐서 3,000여 斗落의 규모였다. "夫一
結之地 可種稻三十四十斗"(『浦渚集』卷2, 論宣惠廳疏, 『韓國文集叢刊』85-
40)라 하여 1결은 種稻로 따져 대략 30두락 내지 40두락이었으므로, 만석을
적곡하려면 대략 80~100결에 해당하는 면적이었다고 한다(李景植, 「朝鮮前
期의 土地改革論議」, 『韓國史研究』61·62, 1988, 240쪽).

158 李景植, 앞의 논문, 1976, 154쪽.

159 崔完基, 「朝鮮中期의 穀物去來와 그 類型」, 『韓國史研究』76, 1992. 朴平植,
「朝鮮前期의 穀物交易과 參與層」, 『韓國史研究』85, 1994.

160 韓相權, 「16世紀 對中國 私貿易의 展開」, 『金哲埈博士華甲紀念史學論叢』,
1983.

161 『중종실록』권90, 34년 5월 을해조: 18-292나.

162 당대의 실권자로서 방납에 직·간접적으로 종사한 자로는 성종조의 尹殷老(이
조판서), 연산조의 鄭崇祖(호조판서), 중종조의 金安老(예조판서), 명종조의 李
芑(우의정)·鄭世虎(호조판서)·鄭復昌(대사헌)·許曄(장령)·尹元衡(영의정) 등
이었다(高錫珪, 앞의 논문, 181~2쪽).

163 『명종실록』권15, 8년 10월 병신조: 20-168라~9가.

164 『명종실록』권9, 4년 2월 계해조: 19-625나.

165 『선조실록』권193, 38년 11월 정축조: 25-136라.

166 金泰永, 앞의 책, 166쪽.

167 『명종실록』권6, 2년 8월 신묘조: 19-524가나.

168 『명종실록』권13, 7년 9월 갑진조: 20-102다.

169 『세종실록』권84, 21년 윤2월 계묘조: 4-190다. 『세조실록』권28, 8년 5월 임
인조: 7-533라. 『중종실록』권4, 2년 9월 계축조: 11-188나. 『중종실록』권29,
12년 8월 무신조: 15-304라.

170 『중종실록』권29, 12년 8월 갑자조: 15-320다.

171 『성종실록』권36, 4년 11월 경자조: 9-71라.

172 『중종실록』권17, 7년 11월 갑술조: 14-621라.

173 『예종실록』권1, 즉위년 10월 임인조: 8-282가.

174 남원우, 「15세기 유통경제와 농민」, 『역사와 현실』5, 1991, 71~78쪽.

175 李景植, 「16世紀 場市의 成立과 그 基盤」, 『韓國史研究』57, 1987 참조.

176 李泰鎭, 「軍役의 變質과 納布制의 實施」, 『韓國軍制史』(近世朝鮮前期篇),

      1968. 池斗煥,「朝鮮前期 軍役의 納布體制 확립 과정」,『韓國文化硏究』1,
      1988. 尹用出,『조선 후기의 요역제와 고용노동』, 서울대학교 출판부, 1998.

177『세종실록』권86, 21년 7월 병인조: 4-227가.

178『세조실록』권18, 5년 11월 무자조: 7-354가나.

179『세조실록』권7, 3년 3월 을해조; 7-184가.

180『성종실록』권79, 8년 4월 경술조; 9-447라.

181『세종실록』권7, 2년 윤정월 무술조: 2-373나.

182『세조실록』권11, 4년 정월 병자조: 7-249나.

183 宋在璇,「16世紀 綿布의 貨幣機能」,『邊太燮博士華甲紀念史學論叢』, 1986,
      391쪽.

184 高錫珪, 앞의 논문, 207~208쪽.

185 이지원, 앞의 논문, 477~478쪽.

186『栗谷全書』권15, 雜著2「東湖問答」右論安民之術; 44-327.

참고문헌

1. 자료

『高麗史』(亞細亞文化社, 1972).

『朝鮮王朝實錄』(太祖實錄~光海君日記; 國史編纂委員會, 1958).

『經國大典』(景仁文化社,『朝鮮王朝法典集』所收, 1972).

『大典續錄』(同上).

『大典後續錄』(同上).

『經世遺表』(민족문화추진회, 1977).

『葛川集』(林薰, 民族文化推進委員會,『韓國文集叢刊』28 所收, 1987).

『白沙集』(李恒福, 民族文化推進委員會,『韓國文集叢刊』62 所收, 1987).

『三峯集』(鄭道傳, 民族文化推進委員會,『韓國文集叢刊』5 所收, 1987).

『西厓集』(柳成龍, 民族文化推進委員會,『韓國文集叢刊』52 所收, 1987).

『栗谷全書』(李珥, 民族文化推進委員會,『韓國文集叢刊』44 所收, 1987).

『潛谷遺稿』(金堉, 民族文化推進委員會,『韓國文集叢刊』28 所收, 1987).

『重峰集』(趙憲, 民族文化推進委員會,『韓國文集叢刊』54 所收, 1987).

『浦渚集』(趙翼, 民族文化推進委員會,『韓國文集叢刊』85 所收, 1987).

『南冥集』(曹植, 亞細亞文化社, 1981).

『訥齋集』(梁誠之, 亞細亞文化社, 1973).

『磻溪隨錄』(柳馨遠, 東國文化社, 1958).

『慶尙道地理志』(亞細亞文化社, 1983).

『新增東國輿地勝覽』(亞細亞文化社, 1983).

『陟州誌』(三陟鄕土文化研究會, 1991).

『朝鮮時代 私撰邑誌』(李泰鎭·李相泰編, 人文科學研究院, 1989).

『增補文獻備考』(國學資料院, 1997).

『萬機要覽』(民族文化推進委員會,『古典國譯叢書』68, 1971).

『眉巖日記草』(柳希春, 國學資料院, 1982).

『朝鮮民情資料』(民昌文化社, 1994).

『湖南廳事例』(규장각도서 15232).

2. 저서

金玉根, 『朝鮮王朝財政史硏究』(I), 일조각, 1984.

_____, 『朝鮮王朝財政史硏究』(III), 일조각, 1988.

金泰永, 『朝鮮前期土地制度史硏究』, 지식산업사, 1983.

閔賢九, 『朝鮮初期의 軍事制度와 政治』, 韓國硏究院, 1983.

朴道植, 『朝鮮前期 貢納制硏究』, 혜안, 2012.

朴平植, 『조선전기 상업사연구』, 지식산업사, 1999.

_____, 『조선전기 교환경제와 상인연구』, 지식산업사, 2009.

宋洙煥, 『朝鮮前期 王室財政硏究』, 집문당, 2000.

劉承源, 『朝鮮初期身分制硏究』, 을유문화사, 1986.

劉元東, 『韓國近代經濟史硏究』, 一志社, 1977.

陸軍士官學校 韓國軍事硏究室, 『韓國軍制史』(近世朝鮮前期篇), 육군본부, 1968.

尹用出, 『조선후기의 요역제와 고용노동』, 서울대출판부, 1998.

李景植, 『朝鮮前期土地制度硏究』, 일조각, 1986.

李成茂, 『朝鮮初期 兩班硏究』, 일조각, 1980.

李樹健, 『韓國中世社會史硏究』, 일조각, 1984.

_____, 『朝鮮時代 地方行政史』, 민음사, 1989.

李榮薰, 『朝鮮後期社會經濟史』, 한길사, 1988.

이장우, 『朝鮮初期 田稅制度와 國家財政』, 일조각, 1998.

李章熙, 『朝鮮時代 선비硏究』, 박영사, 1989.

李載襲, 『조선전기 경제구조연구』, 숭실대출판부, 1999.

李泰鎭, 『韓國社會史硏究』, 지식산업사, 1986.

_____, 『朝鮮儒敎社會史論』, 지식산업사, 1989.

李鎬澈, 『朝鮮前期農業經濟史』, 한길사, 1986.

鄭杜熙, 『朝鮮初期 政治支配勢力硏究』, 일조각, 1983.

韓永愚, 『朝鮮前期社會經濟硏究』, 을유문화사, 1983.

韓㳓劤, 『其人制硏究』, 일지사, 1992.

_____, 『儒敎政治와 佛敎-麗末鮮初 對佛敎政策-』, 일조각, 1993.

田川孝三, 『李朝貢納制の硏究』, 東洋文庫, 1964.

宮嶋博史, 『朝鮮土地調査事業史の硏究』, 東京大學 東洋文化硏究所, 1991.

3. 논문

강승호, 「朝鮮前期 私主人의 發生과 活動」, 『東國歷史敎育』 7·8, 1999.

姜制勳, 「朝鮮初期 徭役制에 대한 재검토」, 『歷史學報』 145, 1995.

_____,「朝鮮初期의 田稅貢物」,『歷史學報』158, 1998.

_____,「조선초기의 富商 許繼智의 신분과 권력 배경」,『韓國史研究』119, 2002.

高錫珪,「16·17世紀 貢納制 개혁의 방향」,『韓國史論』12, 서울대 국사학과, 1985.

金德珍,「16~17세기의 私大同에 대한 일고찰」,『歷史學研究』10, 전남사학회, 1996.

金 燉,「燕山君代의 君·臣 權力關係와 그 推移」,『歷史教育』53, 1993.

金東洙,「조선초기의 군현제 개편작업-군현병합 및 직촌화작업을 중심으로-」,『全南史學』4, 1990.

_____,「『世宗實錄』地理志 産物項의 檢討」,『歷史學研究』12, 전남사학회, 1993.

_____,「『世宗實錄』地理志의 基礎的 고찰」,『省谷論叢』24, 1993.

金武鎭,「朝鮮初期 鄉村支配體制 研究」, 연세대 박사학위논문, 1990.

金柄夏,「朝鮮前期의 貨幣流通-布貨流通을 중심으로-」,『慶熙史學』2, 1970.

金錫亨,「李朝初期 國役編成의 基柢」,『震檀學報』14, 1941.

김선경,「朝鮮前期의 山林制度-조선 국가의 山林政策과 인민지배-」,『國史館論叢』56, 1994,

金盛祐,「16세기 국가재정의 위기와 신분제의 변화」,『역사와 현실』15, 1995.

金盛祐,「16세기 國家財政 수요의 증대와 國役體制의 해체」,『한국사연구』97, 1997.

金宇基,「朝鮮 中宗後半期의 戚臣과 政局動向」,『大丘史學』40, 1990.

金潤坤,「大同法의 施行을 둘러싼 찬반 양론과 그 배경」,『大同文化研究』8, 1971.

金鍾哲,「朝鮮前期의 賦役·貢納制 研究成果와 국사 教科書의 敍述」,『歷史教育』42, 1987.

_____,「朝鮮初期 徭役賦課方式의 推移와 役民式의 確立」,『歷史教育』51, 1992.

金鎭鳳,「私主人 研究」,『大丘史學』78, 1973.

_____,「朝鮮初期의 貢物代納制」,『史學研究』22, 1973.

_____,「朝鮮初期의 貢物防納에 대하여」,『史學研究』26, 1975.

金泰永,「科田法下의 自營農에 대하여」,『韓國史研究』20, 1978.

_____,「科田法上의 踏驗損實과 收租」,『經濟史學』5, 1981.

_____,「科田法體制下의 土地生産力과 量田」,『韓國史研究』35, 1981.

_____,「科田法體制下의 收租權的 土地支配關係의 變遷」,『慶熙史學』9·10, 1982.

_____,「朝鮮前期 貢法의 成立과 그 展開」,『東洋學』12, 檀國大 東洋學研究所, 1982.

_____,「朝鮮前期의 均田·限田論」,『國史館論叢』5, 1989.

_____,「朝鮮時代 農民의 社會的 地位」,『韓國史 市民講座』6, 일조각, 1990.

_____,「晦齋의 政治思想」,『李晦齋의 思想과 그 世界』, 성균관대 대동문화연구

원, 1992.

金勳埴,「朝鮮初期 義倉制度硏究」, 서울대 박사학위논문, 1993.

남원우,「15세기 유통경제와 농민」,『역사와 현실』5, 1991.

南智大,「朝鮮初期 中央政治制度硏究」, 서울대 박사학위논문, 1993.

朴道植,「朝鮮初期의 講武制에 대한 一考察」,『慶熙史學』14, 1987.

_____,「高麗時代 貢納制의 推移」,『慶熙史學』18, 1993.

_____,「朝鮮前期 8結作貢制에 관한 硏究」,『韓國史硏究』89, 1995.

_____,「朝鮮初期 國家財政과 貢納制 운영」,『關東史學』7, 1996.

_____,「16세기 國家財政과 貢納制 운영」,『國史館論叢』80, 1998.

_____,「朝鮮前期 貢吏연구」,『人文學硏究』3, 가톨릭관동대, 2000.

_____,「朝鮮前期 田稅條貢物 硏究」,『人文學硏究』8, 가톨릭관동대, 2004.

_____,「율곡 이이의 공납제 개혁안 연구」,『栗谷思想硏究』16, 2008.

朴時亨,「李朝田稅制度의 成立過程」,『震檀學報』14, 1941.

朴鍾守,「16·17세기 田稅의 定額化 과정」,『韓國史論』30, 1993.

朴鍾進,「高麗前期 貢物의 收取構造」,『蔚山史學』6, 1993.

朴鎭愚,「朝鮮初期 面里制와 村落支配의 강화」,『韓國史論』20, 1988.

朴平植,「朝鮮初期 兩界地方의 '回換制'와 穀物流通」,『學林』14, 1988.

_____,「朝鮮前期의 穀物交易과 參與層」,『韓國史硏究』85, 1994.

_____,「朝鮮前期의 主人層과 流通體系」,『歷史敎育』82, 2002.

박현순,「16~17세기 貢納制 운영의 변화」,『韓國史論』38, 1997.

백승철,「16세기 부상대고의 성장과 상업활동」,『역사와현실』13, 1994.

宋洙煥,「朝鮮前期 寺院田-王室關聯 寺院田을 中心으로-」,『韓國史硏究』79, 1992.

_____,「조선초기의 各司奴婢와 그 經濟的 위치」,『韓國史硏究』92, 1996.

宋在璇,「16세기 綿布의 화폐기능」,『邊太燮博士華甲紀念史學論叢』, 三英社, 1986.

宋正炫,「李朝의 貢物防納制」,『歷史學硏究』1, 전남사학회, 1962.

宋讚燮,「朝鮮前期 農業史硏究의 動向과 「국사」 교과서의 검토」,『歷史敎育』42, 1987.

申解淳,「朝鮮時代 京衙前의 職務에 대하여-」,『崔永禧華甲紀念論叢』, 탐구당, 1987.

安秉佑,「高麗末·朝鮮初의 公廨田-財政의 構造·運營과 관련하여-」,『國史館論叢』5, 1995.

廉定燮,「농업생산력의 발달」,『한국역사입문』(2), 풀빛, 1995.

吳 星,「朝鮮初期 商人의 活動에 대한 一考察」,『國史館論叢』12, 1990.

吳定燮,「高麗末·朝鮮初 各司位田을 통해서 본 국가재정」,『韓國史論』27, 1992.

尹根鎬,「朝鮮王朝 會計制度 硏究」,『東洋學』5, 1975.

李景植,「16世紀 地主層의 동향」,『歷史敎育』19, 1976.

_____,「조선전기 전주전객제의 추이」,『애산학보』4, 1986.

_____,「職田制의 施行과 그 推移」,『朝鮮前期土地制度硏究』, 일조각, 1986.

_____,「16世紀 場市의 成立과 그 基盤」,『韓國史硏究』57, 1987.

_____,「朝鮮前期의 土地改革論議」,『韓國史硏究』61·62, 1988.

_____,「高麗時期의 作丁制와 祖業田」,『李元淳敎授停年紀念 歷史學論叢』, 敎學社, 1991.

李光麟,「號牌考」,『庸齋白樂濬博士華甲紀念國學論叢』, 1955.

_____,「京主人 硏究」,『人文科學』7, 연세대 인문학연구소, 1962.

李秉烋,「中宗·明宗代 權臣·戚臣政治의 推移와 晦齋의 對應」,『李晦齋의 思想과 그 世界』, 성균관대 대동문화연구원, 1992.

李炳熙,「朝鮮初期 寺社田의 整理와 運營」,『全南史學』7, 1993.

이성임,「16세기 지방 군현의 貢物分定과 수취」,『역사와 현실』72, 2009.

李樹健,「朝鮮初期 戶口硏究」,『韓國史論文選集』(朝鮮前期篇), 일조각, 1976.

李淑京,「朝鮮 世宗朝 貢法制定에 대한 贊反論의 검토」,『高麗末·朝鮮初 土地制度史의 諸問題』, 1987.

李榮薰,「朝鮮後期 八結作夫制에 관한 연구」,『韓國史硏究』29, 1980.

李章雨,「朝鮮初期의 國用田」,『震檀學報』73, 1992.

李載龒,「16세기의 量田과 陳田收稅」,『孫寶基博士停年紀念 韓國史學論叢』, 지식산업사, 1988.

_____,「朝鮮前期의 國家財政과 收取制度」,『韓國史學』12, 한국학중앙연구원, 1991.

李宰熙,「朝鮮 明宗代 '戚臣政治'의 전개와 그 성격」,『韓國史論』29, 1993.

이정철,「조선시대 貢物分定 방식의 변화와 大同의 語義」,『韓國史學報』34, 2009.

李貞熙,「高麗後期 수취체제의 변화에 대한 일고찰-常徭·雜貢을 중심으로-」,『金山史學』22, 1992.

이지원,「16·17세기 前半 貢物防納의 構造와 流通經濟的 性格」,『李載龒博士還曆紀念 韓國史學論叢』, 한울, 1990.

李泰鎭,「軍役의 變質과 納布制의 實施」,『韓國軍制史』(近世朝鮮前期篇), 1968.

_____,「14·15세기 農業技術의 발달과 新興士族」,『東洋學』9, 1979.

_____,「16세기 沿海지역 堰田개발-戚臣政治의 經濟的 背景 一端-」,『金哲埈博士華甲紀念史學論叢』, 지식산업사, 1983.

_____,「高麗末 朝鮮初의 社會變化」,『震檀學報』55, 1984.

李泰鎭,「16세기 東아시아 경제변동과 정치·사회적 동향」,『朝鮮儒敎社會史論』, 1989.

_____,「小氷期(1500~1750) 천변재이 연구와『朝鮮王朝實錄』-global history의 한 章-」,『歷史學報』149, 1996.

李鎬澈,「토지파악방식과 田結」,『朝鮮前期農業經濟史』, 1986.

池斗煥,「朝鮮前期 軍役의 納布體制 확립과정」,『韓國文化硏究』1, 부산대 한국

민족문화연구소, 1988.

崔石雲, 「世祖時의 號牌法施行」, 『鄕土서울』 28, 1966.

崔承熙, 「世宗朝 政治支配層의 對民意識과 對民政治」, 『震檀學報』 76, 1993.

崔完基, 「李朝前期 漕運試考-그 運營形態의 變遷過程을 중심으로-」, 『白山學報』 20, 1976.

_____, 「朝鮮中期의 穀物去來와 그 類型」, 『韓國史研究』 76, 1992.

韓相權, 「16世紀 對中國 私貿易의 展開」, 『金哲埈博士 華甲紀念史學論叢』, 지식산업사, 1985.

韓榮國, 「朝鮮王朝 戶籍의 基礎的 研究」, 『韓國史學』 6, 한국중앙연구원, 1985.

_____, 「朝鮮初期 戶口統計에서의 戶와 口」, 『東洋學』 19, 1989.

韓沾劤, 「麗末鮮初의 佛教政策」, 『서울大學校論文集』(人文社會科學) 6, 1957.

_____, 「世宗朝에 있어서 對佛教政策」, 『震檀學報』 25·26·27合輯, 1964.

_____, 「文宗~世祖朝에 있어서의 對佛教施策」, 『韓國史學』 12, 한국학중앙연구원, 1991.

_____, 「麗末·朝鮮前期 其人役 變遷의 背景과 그 實際」, 『其人制研究』, 一志社, 1991.

許種玉, 「朝鮮初期의 集權的 封建國家權力의 物質的 基礎에 관한 考察」(2) 『社會科學論叢』 3-1, 부산대, 1984.

宮嶋博史, 「朝鮮農業史上における15世紀」, 『朝鮮史叢』 3, 1980.

有井智德, 「李朝初期의 戶籍法について」, 『朝鮮學報』 39·40, 1966.

_____, 「田川孝三著『李朝貢納制の研究』」, 『朝鮮學報』 81, 1967.

六反田 豊, 「李朝初期の田税輸送體制」, 『朝鮮學報』 123, 1987.

田川孝三, 「近代北鮮農村社會と流民問題」, 『近代朝鮮史研究』, 1944.

_____, 「李朝貢物考」, 『朝鮮學報』 9, 1956.

_____, 「貢案と橫看」, 『東洋學報』 40-1·2, 1957.

_____, 「李朝進上考」, 『朝鮮學報』 13, 15, 16, 1958, 1960.

_____, 「朝鮮初期의 貢納請負」, 『史學雜誌』 69-9, 1960.

_____, 「朝鮮初期における僧徒の貢納請負」, 『東洋學報』 43-2, 1960.

_____, 「貢納請負の公認と禁斷」, 『朝鮮學報』 19, 1961.

_____, 「吏胥·奴隷の防納とその展開」, 『李朝貢納制の研究』, 1964.

_____, 「貢納·徭役制の崩壞と大同法」, 『李朝貢納制の研究』, 1964.

『조선 전기 공납제의 운영』소개글

조선시대 사회경제사 연구는 1990년대까지 전성기를 이루었다가 2000년대 이후에는 생활사나 문화사 등이 각광받으면서 한동안 자취를 감추었다. 공납과 같이 기본적인 개념에 속하는 연구조차 국내 연구자의 단행본은 희소하다. 그동안 공납제 연구는 다카와 고조(田川孝三)의 『李朝貢納制の研究』(東洋文庫, 1964)가 마치 기본서처럼 활용되었다. 하지만 해당연구는 조선후기에 간행된 재정자료를 중심으로 진상이나 공물을 체계화하고 있어, 과연 조선전기까지 소급 적용하는 것이 타당할지 평소에 의문을 갖고 있었다. 특히, 국초에 진상과 공물은 상호간 품목조정이 일어날 정도로 확연히 구분되지 않아 재정제도가 정착되는 데 오랜 세월이 필요하였고 경제정책은 다양한 부면과 연계되어 집행되었는데, 18세기 재정개혁 이후 공납 자료를 토대로 개념화하는 방식이 과연 타당할지도 적이 의문이었다.

이같은 의구심을 품고 있던 차에 박도식 선생의 일련의 논문과 『조선전기 공납제 연구』(혜안, 2011)를 구해 보고 상당한 감명을 받았다. 선생의 연구가 다루는 시기는 광범위하여 사실상 대동법 출현 이전 조선전기사 전체를 포괄하면서도 중앙재정의 변화과정 전반을 면밀히 추적하였다. 게다가 공납제뿐 아니라, 호등제의 변화, 전세 개혁, 요역 등과의 상관관계까지 상세히 소개하였다. 사실상 조선전기 재정사 연구라고 명명하여도 과언이 아니다.

그 덕분에 평소 실록을 읽으면서 잘 이해가 되지 않던 연호미법의 개폐나 호등의 재조정, 진상물품에 대한 많은 의문이 상당 부분 해소되었다. 특히, 18~19세기 읍지 자료에는 법전의 팔결작부(八結作夫)가 변형된 형태로 자주 산견되는데, 선생의 연구를 통해서 비로소 팔결작공(八結作貢)의 이론모델과 연관 지어 이해할 수 있었다. 이 역시 연구사의 상당한 진전으로 평가받지 않을까 한다. 최근에는 이와 관련된 타 연구자의 후속 연구까지 대두할 정도이다. 혼자만 읽기에는 매우 아깝다는 생각이 들었지만 연구서적은 초학자나 일반인의 접근이 용이하지 않았다. 그래서 실례를 무릅쓰고 공납제의 개념을 다시 풀어 주십사 부탁드려서 마침내 이 책의 형태로 되살려 낸 것이다.

이 연구와 관련하여 함께 읽으면 유용한 글로는 고(故) 한영국 선생의 「대동법의 시행」, 『한국사』 30(국사편찬위원회, 1998)과 최주희 선생의 「조선후기 선혜청의 운영과 중앙재정구조의 변화: 재정기구의 합설과 지출경비 과정을 중심으로」(고려대 한국사학과 박사학위논문, 2014)가 있다. 전자는 1960년대 재정 분야 전반에 대하여 대동법을 중심으로 입체화한 자신의 연구를 쉽게 풀어서 재정리한 글이다. 당시 봉건사회론이 지배적이던 조선후기사 접근방식과는 판연히 구분되어, 시대를 초월하여 오늘날까지도 참고가 되는 연구이다. 후자는 균역법의 탄생과정을 중앙재정의 재정비 과정 전반으로 확대시켜 살펴보고, 공납의 연결고리를 통해서 대동법과 연속된 재정개혁으로 시야를 넓힌 연구이다. 소개한 저술 모두 조선시대 재정사를 다양한 부면과 연동시켜 입체적으로 분석한 글이라는 점에서 편견 없이 왕정사회를 이해하는 데 상당히 효과적이다. 선학의 연구성과 를 통해서 부디 선험적인 왕정사회의 비판에서 벗어나 역사적 사실 에 입각한 포폄이 이루어지기를 기대해 본다.

2015년 10월
규장각에서
기획위원 김백철